所有的人类艺术都是相互联系的，它们之间包含着一种微妙的亲和力。

——西塞罗

图解日本老宅

［美］爱德华·西尔威斯特·莫尔斯 著

付云伍 译

广西师范大学出版社
·桂林·

爱德华·西尔威斯特·莫尔斯

Edward Sylvester Morse
1838 — 1925

爱德华·西尔威斯特·莫尔斯并不是一个为中国读者熟悉的名字。但只要是研究过日本传统住宅的人，大多不会对他的一些线条优美、细节丰富的钢笔手绘陌生。但凡涉及明治时期日式住宅的文章，基本上都会引用几幅莫尔斯的作品，似乎缺了这些高还原度的日本老宅插画，研究作品都显得不那么完整了。

不过，在日本传统住宅研究中如此重要的人物，却是一位非常重要的博物学家，也是达尔文进化论的有力支持者，还是一位38岁当选美国国家科学院院士、48岁成为美国科学促进会主席的天才学者。从表面上看，莫尔斯的一生似乎不应该跟艺术发生什么关联，但他确实不仅撰写了《图解日本老宅》，还在书中为读者绘制了近300幅细腻、精致的日式老宅插画。他细腻的插画风格是怎样形成的？为何他到达日本后开始"不务正业"地研究起了日本建筑？他对日本艺术的热情源自何处？什么样的经历让他在一百四十年前便认识到了日本人生活中的"极简"风格？对于这些问题的答案，也许我们可以从他的人生经历中探知一二。

莫尔斯于1838年出生在美国缅因州波特兰市，父亲是一个商人，母亲是普通的家庭主妇。莫尔斯从小表现出了对自然生物的强烈兴趣，13岁的时候就收集了种类丰富的贝壳，17岁加入波特兰自然历史协会，并在一年之后成为该协会管理委员会的一员。莫尔斯的艺术天分或多或少与父亲一方的遗传基因有些关系。他的兄弟乔治·弗莱德里克·莫尔斯虽然不是画家，但因为爱好，画了一辈子风景画，留下了数百幅画作；电报名人塞缪尔·莫尔斯，他的远方亲戚，是一位职业画家，还有这位亲戚的画家儿子爱德华·林克·莫尔斯。在塞缪尔·莫尔斯身上，我们看到了艺术品位与科学品位令人愉悦的结合。而显然，爱德华·西尔威斯特·莫尔斯本人也正是这样一个不同寻常的结合体：他是美国最早的博物学家之一；他的所有插画都出自自己之手，他在那么多场公开演讲中使用的精美插图也是自己绘制的；他是日本艺术分支研究的权威，甚至在去世的时候，他已经占据了这个权威的位置长达四十年……

在加入波特兰自然历史协会之后，莫尔斯还找到了一份工作，在缅因州中央铁路机车制造厂做绘图员。这段时光对于这个年轻的大男孩来说一定非常美好。他可以养活自己了，不仅如此，他还在攒钱，为自己进一步求学深造做准备。事实证明，他是个非常合格的绘图员，这段工作经历对他后来成为一名博物学家和日本艺术专家有着不容忽视的作用。接着，19 岁的莫尔斯在波士顿自然历史协会上骄傲地公布了自己发现的螺旋蜗牛。这篇新物种报告的发表让很多软体动物学家认识了莫尔斯，同时也引起了著名的自然科学家路易斯·阿加西的关注。1859 年 11 月，阿加西聘请 21 岁的莫尔斯到哈佛大学，为其绘制生物插画。虽然这个年轻人的笔迹乱得让人难以辨认，但是他画动物插图的天赋令人印象深刻。

查尔斯·达尔文在 1858 年发表了第一篇关于生物进化中"自然选择"的论文。"进化论"逐渐成为波士顿自然生物圈里的热门话题。阿加西对这个理论嗤之以鼻，还以数百万年没有任何变化的海豆芽（一种腕足类动物）为例嘲笑达尔文。但莫尔斯非常清楚，物种多样性其实常见于软体动物，因为他收集过各种陆地和海洋贝壳生物。在阿加西的安排下，莫尔斯开始研究腕足类动物。他发现，海豆芽的存在并不与达尔文的进化论相悖，而是它们适应泥泞的河口环境的证据。莫尔斯称之为"过度活力"。由于与导师在进化论上的分歧，莫尔斯在 1861 年美国内战爆发后便辞去了哈佛大学的工作，成为第一个公然反抗路易斯·阿加西科学权威的学生。

美国内战结束后，莫尔斯和阿加西另外几个学生（当时也都离开了阿加西的实验室）于 1867 年进入位于马萨诸塞州塞勒姆市的皮博迪科学院，并在同时期创建了一间自然历史博物馆，进行实地研究，还创办了《美国博物学家》杂志。这是美国第一本面向普通读者的知名科学期刊。1868 年，皮博迪博物馆以年薪 1000 美元聘请莫尔斯作为软体动物馆馆长。这样的工资在当时可不是个小数目。不过，为了扩大自己的视野，莫尔斯在 1870 年离开了皮博迪博物馆，乘上新开通的横贯美国东西的铁路干线，用他最受欢迎的"粉笔教学法"讲授自然历史课，吸引了从缅因州到加利福尼亚州的大量听众。同年，莫尔斯发表了一篇腕足动物与环节动物的论文，甚至得到了达尔文的关注和赞扬。

由于大西洋海域腕足动物种类不够丰富，莫尔斯在很早就产生了去往日本研究太平洋海域此类生物的想法。在 1875 年，为了让自己的日本之行早日实现，莫尔斯出版了他的流行教科书《动物学的第一本书》，其中包括他自绘的 158 幅插图。这本书的第一版在十天之内便销售一空，也很快发行了德语版和日语版，同样深受读者欢迎。1877 年，莫尔斯拒绝了普林斯顿大学希望他成立科学系的邀请，因为他还是没有放弃去日本研究腕足动物的念头。最后，在一位资助人的帮助下，莫尔斯终于在 1877 年登上了去往日本的轮船。

莫尔斯的第一次日本之行只有几个月的时间。他在江之岛的东京湾附近建立了日本第一个海洋生物实验室，还在东京附近的大森村附近发现了大量古陶器碎片，并因此在日本启动了现代考古学研究。

和蔼可亲、对科学研究满怀赤子之心的莫尔斯很快得到了日本人的喜爱。他在东京大学开设了动物学课程，创办了生物学会（日本动物学会的前身）和东京大学动物学博物馆，并积极宣传达尔文的进化论。他说："在日本讲述达尔文的进化论要比在美国容易多了，因为在美国我还得先帮助听众消除宗教上的偏见。"在莫尔斯看来，达尔文的观点是自然总是在变化，而人类也包含在自然之内，不是自然之外，这与日本神道教的神灵思想和大部分佛教思想是一致的。

莫尔斯共访问过日本三次，第一次是上面提到的 1877 年，然后在 1878 年回到美国，用 5 个月的时间继续完成他的演讲，然后携家人再次返回日本，直至 1880 年回到美国，开始宣传日本的民族文化，针对这个主题做了很多讲座。当时对日本的艺术文化，尤其是建筑和陶器深感兴趣的莫尔斯一直对日本念念不忘，于是在 1882 年至 1883 年间，莫尔斯第二次访问日本。我们现在看到的这本《图解日本老宅》，其中的大部分内容便成稿于这个时期。莫尔斯在这本书中十分推崇日本住宅中体现出的工匠精神，事无巨细地描述了他听到的、看到的日本工匠在设计建造住宅时，日本人民在住宅中生活时的各种细节和趣事。这些内容看似琐碎，却正是日本文化的最极致的体现。后来的很多学者都给予这本书很高的评价：作为一部关于一个飞速变化的种族文化重要方面的密切而开明的研究著作，这本书具有永久而宝贵的价值。也正是因为这本书，博物学家莫尔斯当选为波士顿建筑师协会荣誉会员和美国建筑师协会会员。

莫尔斯第一次停留在日本的时期，正是日本资本主义革命结束的时期。旧的封建秩序被摧毁，日本的现代化和西方化都得到了促进，民主氛围空前，人民对知识渊博的西方人尤其欢迎。这个异族文化环境带给莫尔斯的一切都是那么的新奇。但莫尔斯不是一个仅仅依靠书本去了解人类生活的人，他是一个"大方"的观察者。所以无论走到哪里，他都会用手中的笔记和素描记录日本城镇和乡村人民的生活。他对日本建筑、日常器物、文化艺术、风俗礼仪都非常着迷，尤其是在大森发现古陶碎片之后，对日本陶器的收藏欲更是一发不可收拾。后来，莫尔斯还成了波士顿美术馆的陶艺馆馆长和日本陶瓷专家。这也是他的科学才华与艺术才华愉快结合的结果。

《图解日本老宅》并不是莫尔斯第一本关于日本的著作。在这本书之前，他还出版了一部名为《日复一日在日本》的书，主要是他三次访问日本期间的日记。从这本书的内容中，我们不难看出他对腕足动物研究的兴趣似乎发生了偏移。例如这本书的第一章，题为《江之岛收集》，但实际上，关于收集的内容还不到1/6。这不正表明陌生的日本文化和风俗礼仪对他的吸引远远超过腕足动物吗？当然，这样的结论对莫尔斯来说也有失公允，因为很可能他只是选取了对于大多数读者来说比较有趣的内容，或者有很多动物学方面的记录被他放弃了。但无论怎样，除了绝对陌生的环境给他带来的巨大吸引力，日本的艺术、文化，甚至日本人，都暂时将莫尔斯的动物学研究推后了。好在只是"暂时"，他的科学研究并未终止，甚至直到去世的那一年（1925），他还发表了一篇关于软体动物的论文。或许对于莫尔斯来说，艺术与科学原本就不应该彼此割裂。对他来说，这两者都有美学价值，也都需要系统的研究。

莫尔斯在《日复一日在日本》的序言中提到，如果没有比格罗博士的来信，这本书就不会出版。莫尔斯告诉比格罗博士，他在日本要完成一些关于软体动物和腕足动物的研究，而比格罗博士是这样回复他的：

"我真不敢相信你还把宝贵的时间浪费在低级动物的研究上，难道你不应该更关注你从未见过的那些艺术和礼仪吗？老实说，日本人难道不是比你的软体动物更高级的生命体吗？放下你那些该死的腕足动物吧，它们绝对不会消失。可你看到的日本人和日本文化却并非如此！我们现在看到的日本是一个样子，而到了我们下一代，为我们所熟知的日本文化恐怕要像箭石（头足纲软体动物，已经灭绝）一样灭绝了吧。"

比格罗博士的回信对莫尔斯来说几乎是"压倒性的"，让他无言以对。于是莫尔斯终于放下了对海洋动物的工作计划，把他对日本文化的观察结果放在了这部著作中。达尔文在和他的通信中甚至这样说道："在世界所有的奇迹中，你为日本的进步提供的帮助，在我看来是最精彩的。"

在莫尔斯的两部关于日本的著作中，我们都能看到一种对于不同文化背景下的艺术的包容与欣赏。他认为，无论是谁，在欣赏一种文化的时候，都应该站在处于那种文化中的原生居民的角度来品评。于是通过他的作品，我们才能理解日本独特的艺术审美、风俗礼仪形成的原因。

1883 年，莫尔斯结束了对日本的最后一次访问后，最终回到美国，除了继续动物学研究之外，继续收集并研究日本陶器。后来莫尔斯开始关注天文学，并出版了《火星之谜》。这本著作不仅受到普通读者的欢迎，很多国家的天文学家对其也非常推崇。

莫尔斯甚至因为这本著作而当选为法国和比利时天文学会的名誉会员。最令莫尔斯自豪的是他1891年出版的《日本陶器名录》。这本书以其学术性、鉴赏性和可读性受到了广大读者的欢迎，后来被译成日文，并由日本政府出版发行。

不得不说，莫尔斯是个多才多艺的人。从他发表的文章来看，他涉猎的领域包括考古学、人类学、建筑学、陶瓷学、弹道学、天文学、民俗学、音乐、钱币学，甚至射箭。而且他的文章一点都不肤浅、随意，而是相当有深度。他的演讲生动而精彩，但如果有机会跟他坐下来聊一聊的话，他就会成为你生命中最受尊敬的朋友。据说他的敏锐和幽默甚至受到曾经的美国总统威廉·霍华德·塔夫脱的称颂。

如同大部分科学家一样，爱德华·西尔威斯特·莫尔斯是一个热爱独立思考、做事有条不紊、极具观察力的人。他几乎把所有的热情和精力都奉献给了动物学和东方文化的研究。但我们还要注意一点，他是一个非常讲究行事原则的人，也从未脱离对社会问题的审视与反思。在《图解日本老宅》中，他便强烈地表达了自己对西方一些社会问题的痛心疾首。他的公平竞争意识在与日本学者分享他认为的有价值的事物时表现得很明显。例如，莫尔斯在日本期间收集的大部分动物标本都留在了东京大学。

他收藏的很多日本艺术品，其实是因他的名字而闻名的。他的收藏主要以民间物品为主，不过也包括一些精美的艺术作品——只是因为当时日本人受到西方艺术风格的强烈影响，常常认为这些传统艺术作品已经过时。莫尔斯对冈仓天心（日本明治时期著名的美术家、思想家，东京帝国艺术学校的创始人，1863—1913）说，日本优秀艺术作品的泛滥出口"就像日本的命脉正在从一个隐秘的伤口不断渗出"，他为这些"美丽的宝藏"感到难过。冈仓天心非常重视莫尔斯的意见，并因此开始游说政府保护日本古物。1884 年，日本政府颁布了《国家宝藏法》，禁止古代艺术品出口，并很快开始对国内现存的古物进行登记。到 1885 年，日本艺术家们终于集体放弃了西方舶来品，重新用起了本土的画笔、纸张和墨水，意大利风格的雕塑和绘画风潮宣告结束。莫尔斯对日本艺术、文化保护的呼吁在日本得到了共鸣，日本艺术家在民族文化自尊的抗争中终于没有输掉，甚至战胜了西方国家文化和财富的强大输入。

令人感到奇怪的是，莫尔斯虽然是美国和日本的动物学早期发展的关键人物，但他现如今在日本的名气要远大于在他的祖国的名气。也许是因为对于美国人来说，莫尔斯更像是一位科学和东方文化的宣传者和教育家。他也确实在美国通过出版物、讲座、活动等方式，塑造了日本艺术文化在美国人心目中的新形象。

最后，我们引用皮博迪博物馆一位学者对莫尔斯的评价作为这篇序言的结尾：

"莫尔斯是个多才多艺的人，他一定觉得我们生活的这个世界是个特别有意思的地方。为了他的同路人，莫尔斯用尽全力让世界变得更加有趣。显然，他做到了。"

自 序

在日本，有一篇关于荷兰的早期研究文章，作者提到了当时日本一位知名学者的叔叔——宫田先生。宫田先生的性格近乎怪异，他认为，向其他民族学习任何艺术，然后将它们全部记录下来为后世造福是一项庄严神圣的职责。他的侄子忠于叔叔的教导，"尽管从事了医学工作，却自学了快要失传的乐器'一节切'，甚至还学习了一种戏剧表演。"

着手收集在这本书中需要展现的材料，虽然并非受到宫田先生精神的激励和鼓舞，但是我现在感觉到自己付出的劳动绝不是徒劳无功的。这些很可能是到本书出版时（1885）为止保留最完善、最详细的日本住宅资料——也许其中一些琐碎的细节并无太大用处，但在未来几十年内想获得同样的资料也是极其困难的。宫田先生的雄心抱负值得称道，也会带动研修民族学的学者效仿。他们能否获得成绩并不重要，重要的是对那些不同国家和民族进行研究的行为本身。因为与那些蓬勃发展、崇尚个人主义和重商主义的西方国家接触，日本人民了解到其他民族正在经历着深刻的变化和重新调整，这种影响在某些方面比宣传更为有效。

感谢那些受雇于日本政府的他国学者及其积极行动，尤其是那些英国驻日本公使馆的学术人员提供的大力帮助，我们才获得了关于这个有趣的民族的更为丰富的信息和资料。如果研究人员和学者们能够牢记宫田先生的箴言，并且抓住日本社会生活的多种特征——礼节、休闲、仪式的形式和其他风俗习惯（这些都是与外族的接触中首先发生改变的），那么，未来的社会学家就会完成一项极为重要的工作。在这一工作中，日本本土的学者通过及时记录先辈们对本民族社会特征和习惯的描述，可能会做出很大的贡献，正如他们在明治维新之前所做的。

日本已经发生了一些深远的变革，还有一些仍在进行之中。关于这些变化也许可以参考麦克拉奇·盖尔先生的回忆录《封建时期的江户宅邸》。虽然这本书是他在明治维新（1868）10年之后撰写的，但是却提到了"屋敷"，即日本封建贵族居住的一种具有防御功能的宅邸。比如他提到"大部分屋敷都无人居住，渐渐变成废墟，然后倒塌"。另外，他还描述了与屋敷相关的风俗和礼仪，诸如"门礼""屋敷的交换""消防规定"等。这些规矩虽然在他写作的前几年还被奉行，但是在他写作的时候就已经过时了。

我想对 W. S. 比格罗博士表达诚挚的谢意。在搜集本书资料和图片的过程中，正是他愉快的陪伴、真挚的情谊和睿智的建议，使我受益匪浅。同样，我要对 E. F. 费诺洛萨教授和夫人在我上次访问日本时给予的热心帮助表示感谢。在这里，我还要对很多日本朋友说一声谢谢，他们在任何时间里都为我大开方便之门，允许我为此书去绘制他们的住宅，去细致地探索他们的住处。他们还进一步回答了我的疑问，为我解释术语、收集信息，还在其他很多方面给予我帮助。说真的，如果没有他们的大力协助，我的特殊工作将难以完成。

尽管不可避免地会出现遗漏，我还是要尽力提到下面这些朋友的名字：东京师范学校主任高峰先生、藤原成先生、宫冈俊二郎先生；东京教育博物馆的主任手岛先生；东京大学的富山教授、谷田部教授、菊池教授、美作教授、佐佐木教授、小岛教授、石川先生等；杰出的教师和作家伊泽先生、神津先生、福泽先生、柏木先生、古笔先生、增田先生。我还必须向东京大学的主任加藤先生、副主任服部先生，以及教育部门的浜尾先生和其他官员致以深深的谢意。在我上次访问日本期间，他们都提供了热情的招待和帮助。当然，我也绝不会忘记贵族学校的主任立花先生、龟山的吉川先生、田原先生、阿部川先生、有贺先生、棚田先生、中川先生、山口先生、根岸先生，以及其他相关人士。他们为我提供了各种有趣的资料。我尤为感激三原先生和福泽先生在我准备撰稿期间提供的宝贵帮助。此外，我要感谢荒川先生、白石先生、舒乔先生和纽约的山田先生给予我的及时帮助。

我要特别感谢皮博迪科学院的董事会，他们对我的作品所具有的民族学价值给予了认可，并在作品完成之前让我从繁忙的工作中脱身；感谢学院的财务主管约翰·罗宾逊教授和 T. F. 亨特先生的善意建言和积极参与；还有珀西瓦尔·洛威尔先生无微不至的关怀。此外，大学出版社的校对主任 A. W. 史蒂文斯先生令我难以忘怀，他在文字工作中给予了我无法估量的协助，感谢他在样书校对工作中的认真审读。同时需要感谢的还有：对我工作给予极大帮助的玛格丽特·W. 布鲁克斯小姐和我的女儿伊迪丝·O. 莫尔斯小姐，她根据我的日记绘制了初步的插画。

——爱德华·西尔威斯特·莫尔斯
1885 年，于美国马萨诸塞州塞勒姆

目　录

引 言

艺术与偏见

在过去的 20 年里（这里指的是从明治维新前夕到本书写作之时约 20 年时间），美国逐渐出现了样式各异的日本器物，它们以新奇美观的特色吸引着人们的目光。这些物品包括漆器、陶瓷器皿、造型奇特的木盒或金属盒、古怪的象牙雕刻、布料、纸品，等等。它们的功能如同它们表面上那些神秘的铭文，同样令人困惑。在工艺方面，这些物品大多呈现出高深莫测的技术性和设计构思。那些异想天开的装饰虽然违背了我们目前所认可的装饰规范，但是让人感到眼前一亮。虽然我们很难弄清它们的真正用途，却不知不觉地在房间中为它们提供了一席之地，甚至用它们代替了一些别的装饰品，让我们的房间看上去更加精美别致。我们很难解释这些艺术所依据的原理，却不得不承认它们的价值和优点。那些被认为有违透视、色彩并置或融合原理的不和谐设计，却让我们难以忘记日本这个奇特的国家。慢慢地，我们的装饰方法开始融入这些新奇的风格，然而对于这些艺术的发源地日本来说，它们却有着数百年的历史。于是，这些最初令人费解的艺术风格逐渐改变了我们的装饰习惯。我们的壁画和墙纸、木艺和地毯、餐盘和桌布、金属制品和图书封面、甚至圣诞卡和铁路广告都无一例外地受到了日本风格的影响。

难怪很多杰出的美国艺术家——如科尔曼、维德、拉法基等人，早就意识到了日本装饰艺术的超凡价值。然而，出人意料的是，公众也在如此短的时间内接受了日本艺术。不仅在我们这个注重商业的国家，在热爱艺术的法国、喜爱音乐的德国，甚至在保守的英国都有很多人受到了日本艺术的深远影响。不过，相比于创新设计，我们的设计师更倾向于完全采用日本的设计风格，因为如果掺杂了不协调的元素，反而会破坏日式风格的韵味。目前比较适当的设计包括天花板上的剑形金属嵌饰；为装饰易碎的陶器而塑造的重青铜装饰；在供人踩踏的暖色地毯上加入浅色的绉纱等。即使这种混合装饰比较杂乱，但也会令人感到快慰，远胜于那些我们忍受已久、早应抛弃的拙劣装饰设计：比如身着呆板黄铜色服装并跪在同色垫子上祈祷的孩子雕塑，他的头上平稳地放着一个盛放煤油的容器，整个形象都显得十分丑陋、怪异。人们不必再为单调的墙面而感到疲倦，为空洞愚蠢的装饰感到恼火，也不必再去费心擦拭丘比特雕像的双脚、大量的动物犄角、暴怒的老虎标本，或者巨大的书籍雕塑。在这种全新精神的正面影响下，人们意识到，没有必要把一朵花撕成碎片来认清它的装饰价值。简单的自然物体——竹子、松果、樱花等，只要放置在正确的地方，就足以满足我们对美的渴望。

在 1976 年的美国独立百年博览会（在宾夕法尼亚州费城举办）上，来自日本的展品为我们带来了新的启示。这场无与伦比的展览以无穷的魅力获得了完胜。正是从那时起，西方掀起了对日本艺术的狂热：关于日本，尤其是日本装饰艺术方面的书籍迅速增多。但是人们也发现，这种稀有的艺术只有通过极为昂贵的方式，以精心制作的奇妙图版才能得到完美体现。日本人使用原始的雕版印刷方法和很少的色彩就能达到的效果，我们却需要最具天赋的艺术家和套色印刷师才能做到。此外，我们在当时还难以领会日本艺术家所追求的"精、气、神"。

敏锐的收藏家们很快便意识到，来自日本的器物可以分为两类：其中一类的数量很少，具有精致和保守的装饰风格，体现了器物内在的优秀品质；另一类则数量众多，包括陶器、瓷器、漆器和金属制品，其装饰更为华丽，但是欠缺精致的细节处理。后者主要是日本人为西方市场专门制作的，其中一些很难在日本本土获得经济回报。它们几乎无一例外地呈现出华而不实、过于热烈的风格，并不适合日本人的品位。在美国到处都充斥着这些物品，甚至连乡村杂货店都为相应阶层的顾客陈列着这些家庭作坊制作的物品，不过在高级商场里却很难有它们的一席之地。然而对于普通人来说，这些却是物美价廉的商品。尽管关税很高，还要加上进口商的利润，可它们的价格依然低于那些人们用惯了的器物。因此每逢圣诞来临之际，这些物品总会带给人们惊喜。至于品质更佳的器物——如金属扣子、小型牙雕、组合式漆盒、扇子、挂花架、青铜或陶瓷花瓶、香炉、漆柜、盘子等，最初几乎都是私人用品或出于装饰目的。

随着日本器物的流行，人们开始产生强烈的好奇心，想更多地了解这个民族的社会生活，尤其渴望去了解那些庇护着这些精美艺术品的住宅。为了响应大众的需求，相关的书籍不断出现，但是除了少量有用的信息之外，大部分都在重复同样的内容。这些书通常以描述日本政府授予作者的特权为前言，然后就是介绍从第一位天皇至今的日本历史。虽然这些介绍已经足够简洁精炼，但是关于其神话、战争、衰落、复辟的描述还是显得过于冗长。之后，读者会看到作者在一些通商口岸或者在该国短暂逗留的经历，为了展现作者的勇敢，通常还会虚构一些历险故事。这些书籍中充斥着对这个谜一样的民族进行的随意猜测，对日本人性格和习俗的错误理解，其中配置的插图也都来自先前作品对同样主题所进行的描绘，或者来自日本的不实资料。

在这些有关日本的书籍中，除了对日本家庭最泛泛的描述之外，读者们几乎一无所获。而《图解日本老宅》一书不仅描述了日本各种住宅的外观，还对老宅的各种内部结构进行了详细介绍。在文中，我会偶尔提出一些批评和对比意见。暂且不论这些意见是否公正，它们看似批评，实际上是有价值的对比。也就是说，在对日本民族的生活方式和习惯进行评论时，也要同时坦诚地指出（至少要认识到）本民族生活方式和习惯的优劣之处。当一个外乡人来到干净整洁的城市时会鸡蛋里挑骨头，认为街道很脏，同时会想当然地认为自己的家乡更干净。而肮脏的程度是无法衡量的，抱怨和批评也就丧失了价值，我认为这种批评是恶意的诋毁。我们要么遵循伟大先贤的教诲，不必在意别人的评价；要么在这样做的同时，看到别人的闪光之处。

然而，即使对于最公正、最没有偏见的人来说，也很难做到这一点。而让一个无视自己民族的过错或罪行的人去承认这些批评，更是一项不可能完成的任务。我们以巨大的激情和活力唱着看似充满英雄气概的日本军歌，然而却发现日本的民众对此并不认同，因为在他们看来，这是在以欢欣鼓舞的方式赞颂血腥的行为。我们每天都能在自己国家的报纸上看到令人毛骨悚然的罪行的详细报道，它们违背人性、令人憎恶。但是，我们并没有对可能引发罪行的社会环境做出反思，也没有唤醒民众的意识，去关注这些劣行对社会造成的恶劣影响。但是，如果我们去了另一个国家，也许会发现新的恶行，它们的新奇之处会立刻吸引我们的注意。然后我们立刻会意识到这些罪恶行径的严重性及其导致国家堕落的可能性，并发出绝望的悲鸣。回国后我们会以夸张的描述对这个民族进行肆意污蔑，并开始准备向他们宣扬基督教义，试图以博爱思想去拯救这个民族。

如果可能的话，在研究另一个民族的时候，我们应该尽量抛弃有色眼镜。当然，尽管有些错误在所难免，但是戴着"玫瑰色"（乐观）的眼镜也总比被偏见的迷雾遮住双眼要好得多。作为一个政策问题，如果民族学的学者们不持着包容的态度，那么在喜爱民族的风俗和习惯时，就很容易犯错误。在我们的世界里，抵触对自己不利的批评是人的本性。当人们戴着偏见的眼镜去观察其他民族时，被遮蔽的双眼几乎对一切都看不惯。除了肤浅地看到事物的表面，我们将一无所获。但是，如果我们能够以真诚的态度去探寻一个民族的优良品质，那么在进行任何所期望的研究时都会大受欢迎，甚至那些看似不雅的风俗习惯也会自然地显现，似乎知道自己不会被任意歪曲，从而避免本来就不被看好的东西给人们带来更多的痛苦。

我要重申的是，这种调查研究必须本着同情的精神进行，否则就会进入迷途或者产生错误的理解。这不仅适用于对其他民族风俗习惯的研究，也适合于别的研究领域。当前，在日本绘画艺术方面最具权威的费诺罗萨教授曾经以真诚的态度说过："要接近这些脆弱的孩子，仅凭好奇的目光或者国外学派的僵化标准是不够的。人们必须学会以宽广的心胸去爱，就像日本艺术家所做的那样，在隐藏的美丽被揭示之前就爱上它们。"

本着这种精神，我将尽力描述我所了解的日本住宅和它周边景观的配置。我本可以只去描述日本底层人民居住的脏乱不堪的小屋，展现穷人的贫困生活。或者，我也可以专门介绍日本贵族的豪宅，当然，这也是片面的。但在我看来，对中产阶级家庭的住宅进行详述，配合少部分上流社会和底层人民的住宅，会更加公正合理地展现日本家庭及住宅的特征与结构。在探索的过程中，我的乐观态度也许会导致一些错误，但是即便如此，我也决不后悔这种做法。在同那些与我交好的日本人生活了一段时间后，对他们的情谊我只有无言的感激。在这样的前提下，如果我不以真诚友善的态度去写作，或是弄出严重的错误和疏漏，那我的写作就成了一种卑劣且带有偏见的行径。

对于日本住宅，并非其所有独特之处都是我所喜爱的。如果以普通旅行者的眼光来看，我也许会将这些住宅看作冰冷阴郁的棚屋或茅屋。尽管这些房屋有很多缺陷，但是在提出批评的时候我也会尽量做出对比和思考。此外，为了进行比较，我也提出了西方社会的住宅和西方工匠在工作中存在的不足之处。

在本书中，我尝试对日本住宅及其景观配置做出全面、细致的描述。虽然没有人能够比我更好地认识到本书的瑕疵所在，但是可以相信的是，通过大量的插图和对主题的分类，我们可以对以前模糊的概念认识得更为清楚。大部分案例中的配图都是我以钢笔临摹下来的，也有少数是以素描形式在现场绘制的。因此，无论它们在艺术价值上如何欠缺，这些绘图都对精确描述的房屋特征起到了有效的补充作用。书中的很多材料是我三次在那个令人愉快的国家居住期间，包括从日本东北部的北海道到最南端的萨摩旅行时，从一份配有插图的日报上收集整理并保存的。

开放性和可达性是日本住宅的一个显著特征，我也真心希望所有的人都能够不带偏见地，以同等的开放、包容的态度去欣赏不同历史文化背景下的艺术形式。最后祝愿读者们通过阅读本书，都能对日本独具特色的住宅特色留下深刻而美好的记忆。

第一章

住宅建筑造就的日式风情

如果我们鸟瞰日本的大城市，所看到的景象与美国高楼林立的城市景观大相径庭。例如从高处俯瞰东京，眼前会出现一片由屋顶组成的海洋，屋顶板和瓦片表面散发的灰暗色调为整个城市蒙上了阴沉忧郁的色彩。这种平坦延伸的景象不时被防火仓库打破，它们的屋顶和屋脊上覆盖着厚厚的瓦片，墙壁上涂着或纯白或乌黑的涂料。虽然这些防火仓库为阴暗沉闷的城市景观和轮廓增添了一些不同的元素，但是除了一些寺庙之外，单调乏味仍然是整个城市最显著的特点。这些威严耸立的寺庙远远高于周围低矮的住宅，犹如鹤立鸡群。在寺庙宽阔的黑色屋顶之上，巨大的屋脊赫然隆起，加上气势宏伟的屋檐和或白或红的山墙，使这些寺庙格外醒目，人们几乎在城市的任何方位都能一睹它们的尊容。在春天，随处可见的花园中绿树成荫、鲜花绽放，为灰暗的屋顶海洋增添了几分勃勃的生机。

当你俯视这座人口接近百万的大都市时，既看不到炊烟袅袅的烟囱，也不会发现呆板的教堂尖顶，这真是一道奇异的风景线。由于烟囱稀少，加上人们普遍使用木炭取暖，城市的空气非常清新纯净。如此洁净的空气使人们不仅可以对城市的风貌一览无余，还可以清晰地看到更远处景观的细微之处。反观我们的一些大城市，永远笼罩着遮天蔽日的烟雾，而这是日本人闻所未闻的，恰恰也是他们的幸运所在。

拥有这样的鸟瞰视野，我们就能看到城市的一切——大部分的微妙变化是由于所处地势不同而造成的。例如，从某一个高点俯瞰京都，可以看到悄然依偎在群山之间的房屋，变化多样的景色美不胜收。在长崎，房屋几乎是从水边逐级向上延伸至山丘的背面，并在那里与山顶的墓园融为一体。但是从港口那里看到的长崎则是另一番超凡入圣的美景。在其他大城市，诸如仙台、大阪、广岛和名古屋等，房屋的高度也基本相同。

城镇中的建筑和百姓住宅紧密地挤在一起，狭窄的街道和小巷犹如纵横交错的细线，难以将这些房屋分隔开来。需要注意的是，这些建筑大部分是由易燃材料构成的，如果发生火灾，大火将以迅雷不及掩耳之势蔓延。

在一些更小的村庄里，住宅几乎都排列在村中唯一的道路两旁，有时甚至会延伸到一千五六百米以上。人们在这里很难见到城镇中暗中交错的街巷或者紧凑的布局。只是在这条长路的中部，住宅和商铺的距离会较为紧密，而在道路的两端，建筑的间距则非常宽松。但是在一些不具备扩张条件的村庄也会出现拥挤不堪的状况：例如横滨附近的江之岛，那里以一定的间距设置了一些梯台，主干道从岸边一直延伸到石阶上，人们可以由此通往建在岛屿最高处的寺庙和神社。这条路的两侧遍布山丘和沟壑，并以此形成了中轴线，两旁挤满了房屋，最狭窄的小巷通往村庄后面

图 1　东京的商铺和住宅

图 2　东京的寺庙和花园

的房屋。因此一旦发生火灾，整个村庄都难逃被付之一炬的命运。

在日本的乡间长途旅行时，人们也许会遇到一个奇怪的现象：还没有遇到一户人家，便会突然进入一座村庄。村庄的入口通常以道路两边高高的土堆为标志，土堆上一般会栽着一棵大树。在门柱或石墙的遗迹中，还可以见到古老路障的痕迹。穿过村庄后，人们会再次进入乡间的耕地，与进入村庄时的感觉一样，都是那么突然。这些村庄的面貌有着很大的差别：其中一些极为整洁和优美，住宅前点缀着优雅别致的花坛，随处散发着舒适怡人、品位高雅的气息；而另一些村庄则呈现出贫穷的景象，到处是破烂不堪的房子，脏兮兮的孩子四处打闹。

很难想象还有比这些村庄的雨夜街景更为惨淡凄凉的画面。每座住宅在晚间都是门窗紧闭，窗内没有让行人感到快慰的明亮灯火，只有从木制百叶窗缝隙中泻出的昏黄光线。然而，在天气宜人的夜晚，只关闭窗户的纸屏时，穿过村庄街道的人就会看到

图 3 江之岛风光

窗户上妙趣横生的影子，这是由于人们在屋内随意走动，身影无意间投射到窗纸上形成的。

在日本城市中，对于富人阶层住宅的定义并非如美国人做的那样严格和明确。尽管人们对美好前景和迷人风光的喜爱会提高某些城区的价值，从而使富人们聚集在一起。但是，几乎在所有的日本城市里，我们都能在贫民居住的房屋周围发现富人的豪宅。在东京，人们也许会在一些街道和窄巷的两旁看到成排的劣质房屋，也就是所谓的贫民窟。尽管这些地方在日本人看来是如此的凌乱破旧，但是与基督教世界几乎所有大城市里污秽不堪的贫民住宅相比，它们却显得格外整洁。通常，日本的富人也不会为了与贫困阶层保持距离而买下住宅周围的土地。显然，富人并不反感贫民的存在。这是因为日本的贫民阶层与美国的贫民阶层是不同的，他们大多不会出现无礼的行为和举止。

日式老宅概貌

在对日本住宅进行具体的描述之前，我们先来了解一下它们的基本样貌，这会让随后章节中的内容更易于理解。

由于我们在美国已经见识了日本艺术品的多样性和无穷魅力，因此也期望他们的住宅能带给我们新的乐趣和惊喜。不过，初次见到日本人的住宅时，人们可能会感到失望。但通过进一步与之亲密接触，你就不会这么认为了。作为一个美国人，我熟悉各种类型的房屋，深知某些情况意味着贫穷和粗陋，而另一些情况则代表着富有和精致。但是，我却没有能力去评判日本住宅的优劣之处。

乍看上去，日本的住宅确实令人失望，它们没有坚实的外观和绚烂的色彩，没有任何涂饰，常常显现出贫穷的面貌。这种缺乏涂绘的灰色，以及木板经过风吹、日晒、雨淋而形成的色调，会让人们与自己国家那些同样没有涂饰的建筑——农村的谷仓和棚屋以及城市的贫民窟进行比较。我们习惯了美国住宅的一切特征：白色或浅色外墙所形成的对比效果，还有方形的窗口、窗内的暗色阴影、玻璃上闪烁的光芒、气派的阶梯和门廊的前门、高耸的暖红色烟囱，以及优美整洁的外观。虽然这一切并不总是与住宅内部主人的经济状况相关，但是极易导致人们从一开始就对日本的住宅做出过低的评价。美国人会发现，他们确实难以将这样的建筑视为住宅，因为它们缺乏太多美国住宅所具有的特征：这里没有他们熟悉的门窗，没有阁楼和地下室，没有烟囱和壁炉，当然也没有传统的外墙罩面、永久封闭的房间以及卧床、餐桌、椅子这样的家具和类似的物件。至少我们在首次见到日本住宅时就会产生这样的感受。

日本住宅与美国住宅之间存在的一个主要差别在于对隔断墙和外墙的处理。在美国的住宅中，这些都是坚固的、永久不变的。在建设房屋的结构框架时，隔断墙就构成了框架的一部分。相反，日本住宅的两个或多个侧面都是没有永久性墙壁的。在室内，固定的隔断墙也很少。取而代之的是轻巧的推拉幕墙，它们可以在地板和天花板上适当位置安装的凹槽中滑动，这些凹槽滑道也标志着每个房间的边界。向后拉动可以将这些幕墙打开，或者可以将它们完全移除，使多个房间组合成一个面积更大的空间。以同样的方式，住宅的所有侧面都可以完全打开，呈开放状态，不仅能够照射进更多的阳光，还有利于空气的流通。因此，对于需要在房间之间进出的日本人来说，平开门并非必需。作为窗户的替代物，糊上了白纸的室外屏风或者障子（日式住宅中的纸糊木框）对进入室内的光线起到了散射的作用。

外墙上露出的木材有时保持原色，有时则漆成黑色。如果是灰泥部分，可能被涂成白色或者深暗的蓝灰色。在某些建筑的外墙上，距离地面尺许以上的部分，有时甚至是整个墙面都会镶嵌瓷砖，并在空隙处用白色的石膏勾缝。住宅的屋顶可能覆盖着轻质的木瓦、沉重的砖瓦，或者厚厚的茅草。屋顶的坡度通常比较适度，不像美国的屋顶那样陡峭。几乎所有的住宅都拥有一个游廊，向外突出的宽大屋檐或者从屋檐下伸出的轻型辅助屋顶为其提供了遮蔽。

大多数日本贵族阶级的住宅都设有门廊和玄关。而在底层人民的住宅中，入口则不与客厅分开。此外，由于住宅的两三个侧面都可方便出入，所以人们几乎可以从任何位置进入住宅。住宅的地板高出地面半米，或者更多，上面铺着一些厚厚的、大小一样的长方形榻榻米。这些榻榻米拥有平整的方形边缘，可以紧密地衔接在一起，从而将地板完全隐藏在下面。房间的平面布局为正方形或者长方形，这主要取决于所包含的榻榻米数量。除了客房之外，其他房间几乎没有凸出的部分或者隔间。在客房的一侧会有一个深陷的壁龛，并由一个轻型的隔板分为两个隔间。其中靠近游廊的一个壁龛被称为"床之间"，这里要悬挂一幅或多幅画卷，在地板上一块略微凸起的榻榻米上，摆放着花瓶、香炉或者其他的物品。旁边的壁龛里有一些搁板和一个低矮的壁橱。其他的房间内也可能有一些壁龛，用来容纳抽屉或者搁物架。所有设置了壁橱和橱柜的地方都使用推拉门代替了平开门。在高达两层的茶楼中，楼梯通常是从厨房的附近开始向上延伸，下方是壁橱。

这个壁橱通常采用的是平开门。

厕所位于住宅的一个角落或者游廊的尽头，有时盖房子的人会在住宅对角线的两端各设一个厕所。在乡村更为穷困家庭的住宅中，厕所是一个完全独立的建筑，配有低矮的平开门，门的上半部分是敞开的。

在日本城市的住宅中，厨房位于房屋的一侧或者一个拐角处，通常呈 L 形布局，并覆盖着单斜坡屋顶。这种住所一般都是临街的，高高的篱墙将院子与其他区域隔开。在乡村，住宅的厨房则几乎总是位于主屋顶的下方。在城市里，几乎看不到棚屋和谷仓这样的附属建筑。在贵族阶级的住宅中，会附带一个被称为"库"的防火仓库，它的高度为一到两层，墙壁也非常厚实，在发生大火的时候，其内部可以用来存放贵重的私有财产。这些建筑被西方人称为"仓库"，一般拥有一两个小型窗口和一扇门，可以通过厚重的百叶窗封闭。这种建筑虽然与住宅并置在一起，却与住宅处于隔离的状态。有时候，防火仓库也可以供人居住，但这种情况并不常见。

在贵族阶级的花园里，经常会见到凉亭或者小桥，它们的外观充满乡土气息，比例极为精巧。在较大型的花园中还会看到风格质朴的乔木藤架，专门设计和建造的古香古色的小屋也十分常见。人们经常在这些建筑中举行一些礼节性的茶道聚会。采用木板或竹子建造的高高的篱墙，或者建在石基上的泥墙和砖墙将这些建筑围绕在内，使其与街道隔离。在郊外，这样的花园则采用田园风格的低矮篱笆作为边界。风格各异的大门形成了众多的入口，其中一些设计得尤为壮观。普遍看来，它们的风格虽然清新朴素，却不失威严肃穆。

无论住宅临街一侧的外观如何平淡无奇，朝向花园一侧的外观却总是充满了艺术气息和新颖别致的细节，而这往往是住宅的背面。在这些朴实无华的住宅内部，精雕细刻的手工工艺和完美的细木工家具随处可见。当人们进一步了解这些住宅非凡奇妙的室内装饰时，一定会惊喜连连。

日式老宅的基本结构

在日本，住宅所受到的来自西方人的各种评价和非议是任何其他事物无法相比的。对于大多数西方人来说，这永远是困惑和烦恼的根源。尤其是爱默生提到的一位英国人，他发现自己是"所有人中立场最为坚定的"，认为这些日本住宅弱不禁风、破败不堪、乏善可陈。他生来就不喜欢异于平常的房屋。简单地说，他觉得这种房屋通常都支撑着极为笨重的屋顶。他还厌恶没有桁架中柱，或者至少是没有双柱桁架的建筑结构。同时，在他看来，如果一个房了没有地基，至少是没有他所认可的地基，却仍然能够保持直立的话，显然是无比荒唐和令人恼火的。大多数作者在批评日本的房屋结构，甚至与该国相关的其他问题时，常犯的错误是没有站在日本人的立场上看待这些问题。他们没有考虑到这是一个贫穷的国家，民众大多是穷人。此外，他们还忽略了一个因素，就是日本人建造的是他们能负担得起的住宅，一种完全符合他们的习惯和需求的住宅，在这一点上，日本人与西方人是一样的。

日本人的住宅是世代传承的。一个曾经去过英国的日本人，很可能会牢牢记住他在一天之内见到的破旧的房屋、摇摇欲坠的棚子、坍塌的农舍，以及倒掉的栅栏。这些情景都是在一个所谓的文明之邦，一个没有地震和台风的国家发生的。而他在自己的国家恐怕一年也见不到这么多的残垣断壁吧。

当某位外国评论家研究日本房屋的构架，尤其是屋顶横梁时，没有发现任何桁架和支撑系统，他会有种强烈的愿望，想要成为桁架和支撑结构的传教士——显然，这样会节省很多木料！然而，就日本的房屋结构而言，建造这些结构会需要额外的劳动力，与节约下来的木料相比，这才是得不偿失。

一位西方评论家说："日本的住宅在舒适性和坚固性方面存在重大的缺陷。"如果他所说的是他自己和本国人眼中的舒适性，这是可以理解的。如果他指的是日本人眼中的舒适性，那就说明他对日本人从住宅中感受到的舒适性一无所知。他还抱怨狭小的房间产生的怪异气味，尽管他指的是拥挤的客栈、旅店——这些必要的设施里往往非常污秽肮脏。换个角度，日本人对德国的类似情况又是如何看待的？毕竟在德国的很多大城市，小房间也会直接设在前厅的周围，有时还会出现在餐厅附近！虽然日本的某些状况很糟糕，但是与德国的状况相比，不过是小巫见大巫罢了。

在我看来，日本的住宅有很多令我欣赏的方面，也有一些让我感到不适的方面。比如对于不习惯的人来说，跪坐在地板上的姿势真的很痛苦。当然，我发现我们的椅子也同样让日本人感到难受。我发现日本的住宅在冬季非常寒冷，令人不适。但是我却怀疑，与他们冰冷的房间相比，我们那些配备了炽热的火炉、热炉或蒸汽加热器的公寓是否真的更有益于健康呢？对于某些乡村客栈中散发的异味，难道我们忘记了自己国家的乡村客栈也有着同样的问题，忘记了那些杂乱不堪的院子和臭气熏天的猪圈？我还要提出疑问的是，这些异味是否真的比潮湿阴暗的地下室所散发的令人窒息的气味更有害健康？这些气味不仅从我们的地板中渗透而出，还常常与火炉散发的灼热气息掺杂在一起。惠蒂尔是这样描述美国的农村住宅的："在仲夏时节，最好的房间也令人感到沉闷窒息，充满了地窖的潮气。"这正是我们美国很多乡村和城市住宅的真实写照。

无论日本住宅的设计和建造是否合理，都令人羡慕地满足了功能的需求。事实上，防火仓库当然超出了大多数人的承受能力，与我们一样，他们无法把住宅建造成这种形式。因此，他们必然走向另一个极端，建造了每一部分结构都能快速拆卸的住宅，以应对随时可能袭来的火灾。各种榻榻米、屏风隔断，甚至天花板上的木板都可以被迅速地拆卸并带走。屋顶的瓦片和木板也能很快被拆卸掉，只留下房屋的骨干框架被大火慢慢吞噬。消防人员在火情检查中的主要工作是拆除这些可拆卸的房屋结构。有件事对于西方人来说一定很奇怪，那就是在大火中，消防人员往往不是将水流喷到火焰上，而是喷向那些正在拆房的人！

基本框架

普通日本住宅的框架简单而原始，包括一些从地面直达横梁和屋顶斜坡的竖杆。竖向框架由固定在竖杆上适当槽口中的短木条紧固在一起，此外还会用一些竹板条加固。或者，还可以采用更长的木条穿过竖杆上的榫眼，牢牢地将竖杆锁定（图4）。在规模较大的房屋中，这些竖杆是由靠近地面的框架固定的。住宅的下面没有地下室或者挖掘出来的空间，也没有与我们的住宅一样的石头地基。这些竖杆没有任何连接附件，直接立在一些未经

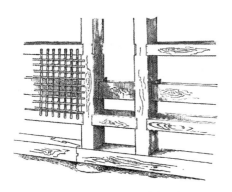

图4 住宅侧面框架结构

雕琢的粗糙石头上，而这些石头也是放置在其他的石块上的，这些石块由很多人用巨大的木槌狠狠地敲入地面（图5）。住宅就通过这样的方法，坐落在这些石头之上，地板距离地面45~60厘米。在某些情况下，地板与地面之间的空间也会用木板封上，这种做法在京都的住宅中是极为常见的。而在其他的地方，风可以在地板的下面自由通过。尽管这样暴露的条件会使人们在冬天的时候感到寒冷难忍，但是居住者却可以免受地下室内泛出的有害气味的困扰。正如我们曾经提到的，这是美国的住宅经常面临的问题。但是在这种建造方式中，框架高处的木栏采用了更为坚固的封闭形式。也就是说，低

图5 人们正在将基石敲进地面

处的栏杆或支架都是直接放置在石头上的，其间距为1.8~2.4米。之所以采用这种建造方式，是由于某些季节地面上会出现大量的昆虫和幼虫，以及过度的湿气。

值得一提的是，这些竖杆的底部都经过了精确的加工处理，从而适应高度不均的基石。在一座皇家园林里，我们就曾见过一

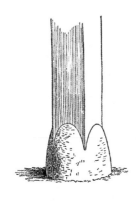

图6 日本住宅的基石

座以最简单和精致的方法建造的二层楼阁。确实，它看上去就像是一个精美的橱柜，但是下层地面上色彩亮丽的外国地毯却使其整体美感大打折扣。该建筑的竖杆立在椭圆形的海滩卵石上，石头的一端埋入地面，露出地面的一端非常圆滑，大约凸出地面25厘米，竖杆以极为精准的方式安装在石头上（图6）。这种结构产生了轻盈脆弱的效果，看上去缺乏安全感。然而这座建筑不仅经受住了多次大地震的考验，还在日本夏季猛烈的台风中幸存下来。如果是很小的建筑，那么整个框架结构由四根直达屋顶的角柱构成。在正面设有两个或多个房间的住宅中，角柱之间会出现很多竖杆。随着房间数量的增加，房间的拐角处也会出现竖杆，紧挨着推拉屏风，即拉阖门。这些竖杆纵向穿过房间直达上方的屋顶，使住宅的外观看上去相当稳固。当住宅的一侧或者多侧设有游廊时，会沿着游廊的外沿设立另外的一排竖杆。除非游廊比较长，否则在游廊的每端设立一根竖杆就足以支撑上方的辅助屋顶。这些竖杆支撑着一段横梁，横梁的上面放置着承受辅助屋顶的椽子。这种横梁通常采用一根笔直的树干制成，除了剥去树皮之外不做任何加工。

实际上，大多数的横梁和椽子都使用了未经加工的木料，椽子上还常常带有树皮。当然，也有些椽子是精心削成的方形木棍。但是无论哪种情况，人们都能在外面看到它们，因为这些椽子从房屋的侧面向外突出支撑着飞檐，更大一些的横梁和木梁也只是进行一些简单的加工。在框架结构中还经常会见到一些形状不规则的横梁，这一方面是为了产生一种古朴、新奇的效果（图7），但在更多情况下，这是由经济状况决定的。对于狭长的住宅，如果采用了山墙形的屋顶，屋脊大梁由房屋两端中部的竖杆支撑，椽子也由此向屋檐伸展（图8）。如果房屋很宽，横梁会在与屋檐相同的高度横贯建筑的两端，并支撑在以一定的间隔立于地面的竖杆上。在这些较短的竖杆上方还支撑着另一根横梁。在接近屋脊的地方，通常还会有三道或者更多的横梁。在这些支撑结构上，有一些与屋脊大梁平行的横梁，这些横梁也为椽子提供了支撑（图9）。

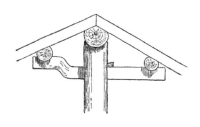

图 7 住宅框架剖面图

在山墙屋顶很宽的房屋中，有多种支撑框架的方法。其中一种如图10所示，一根粗壮结实的木棍从住宅的一端延伸到另一端，与屋脊大梁位于同一垂直面内。其高度与屋檐齐平，从而增加了支撑强度。一些较粗的竖杆被安置在这根木棍上，支撑着上方的屋脊大梁。从这些竖杆上伸出一些直抵屋檐的斜梁，这些斜梁与竖杆是通过榫卯结构连接的，但是在竖杆两侧伸出的斜梁存在高

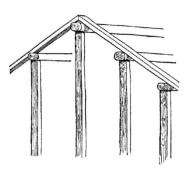

图 8 住宅框架

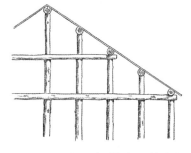

图 9 大型住宅的端部框架

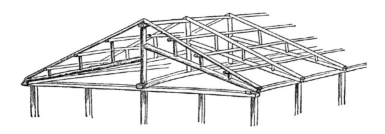

图 10 大型住宅的屋顶框架

度差，这是为了防止榫卯结构削弱竖杆的强度。从这些斜梁上伸出一些较短的支柱，支撑着上面水平放置的椽子。

如果住宅是泥瓦屋顶或者茅草屋顶，就意味着屋顶要承受巨大的重量——瓦片不仅十分厚重，还要以一层厚厚的泥浆作为垫层；而茅草虽然很轻，但是在大雨之后就会变得沉重。因此，屋顶框架往往要承受极大的重量。虽然屋顶的框架结构看上去弱不禁风，似乎是非常原始的设计，但是日本木匠凭借丰富的经验，不仅创造出最简单、最节约的方法，还满足了承重要求。

人们会惊讶地发现，很多消防员一起站在上面，屋顶都没有发生变形或坍塌。我曾经见过一些有两百多年历史的巨大屋顶，以及其他更大更古老的框架结构，它们至今都没有出现明显的老化迹象。的确，破败的屋顶在日本是非常罕见的。

在防火仓库中，支撑屋顶的横梁一般采用粗凿而成的沉重木料进行制作。至少在这里，外国的桁架结构系统似乎具有更高的强度，也许还是一种更为节约材料的方法。然而，在缺乏适合的锯木厂和其他省力的机械设备的情况下，将这些横梁减少到适当的数量就会增加铁杆、螺栓等费用，与所节约的木料费用相比也许并不划算。

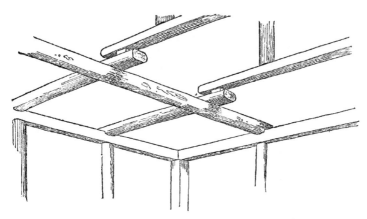

图 11 防火仓库的屋顶框架

图 11 展示了日式屋顶支撑结构采用的普遍方法，可以看出这些横梁直接搭在垂直的墙壁上，同时还支撑着竖杆，而这些竖杆也支撑着上方的横梁。

日本人早已熟悉拱形结构的运用，这在他们古老的石桥建筑中便可见一斑。但是他们在房屋建筑中却不愿意采用这一原理，这与埃及人和印度人的做法如出一辙。但埃及人在建筑中几乎不会使用垂直墙和立柱之外的结构来支撑横梁。尽管这种建筑模式的成本高昂，但是日本建筑之所以具有令人赞叹的效果，也正是来源于对这一原则的坚持。日本工匠十分熟悉拱门的运用及其特性，但是他们也知道应用这一结构会使设计变得更为复杂和混乱，于是明智地拒绝了这种结构。拱形结构产生的推力和压力似乎总是要把建筑撕成碎片。尽管整体结构处于平衡状态，但即使是最小的损坏，也会加速建筑的毁坏。而结构更为简单的建筑却可能存在得更久。

当框架需要连接固定时，木匠会采用多种复杂精致的榫卯方

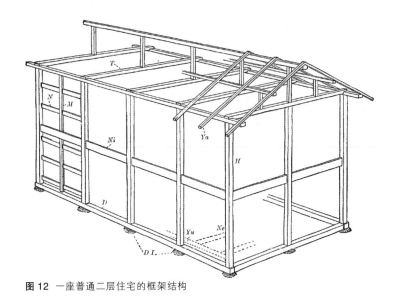

图12 一座普通二层住宅的框架结构

法。然而，一位美国建筑师曾经告诉我，在强度方面，他们的方法并不比我们的木匠使用的方法更具优势，他们的很多框架连接构件似乎并无必要。但这位绅士对日本木匠使用扁斧的技能钦佩不已，并为美国木匠在这方面的欠缺感到遗憾。他们在嵌接木梁时制作的连接构件与我们的木匠制作的构件极其相似（图12），与日本三弦的手柄连接件很像。

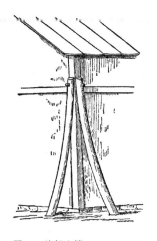

在日本房屋的框架结构中，是看不到斜撑的。不过有时候在纤细的框架中，竖杆会得到倾斜支架的支撑，这些支架从地面上以一定的角度斜靠在竖杆上，并用木钉固定在适当的位置上（图13）。外部的斜撑有时会成为一种装饰特征。在伊势国（今日本

图13 外部支撑

本州岛三重县中央大部分区域。"国"是日本旧时令制划分方式，相当于现在的省），人们常见到一种用未经加工的木材制成的支架或托架，这些木材通常取自大树杈附近的部位。这个支架被固定在竖杆上，似乎是为了支撑从屋檐突出的顶端横梁。不过，这些托架不是通过凹口固定在竖杆上的，而是用方形木钉固定在适当的位置上。这些支架对于建筑并没有起到支撑作用，只是方便放置鱼竿和其他的长杆（图14）。

图 14 外部支架

在日本的成毛村，一家古老客栈的斜撑结构引起了我的注意，它为一个牢固的框架结构增添了令人愉悦的装饰效果。它的上方是造型呆板的辅助屋顶，上面铺着厚重的瓦片。由于横梁是由支架外部的竖杆提供支撑，因此这些斜撑并没有承受额外的压力，

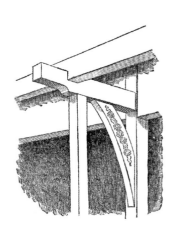

图 15 装饰性支架

但是可以防止支架前后错位。在这里放置的斜撑结构主要是出于装饰目的（图15）。

房屋的框架在室内是暴露在外的，从而带给人们快慰的心情。形状不规则的木棍也不会妨碍房屋的构造，从这种弯曲木梁的运用来看，人们会认为建造者对它们青睐有加，对自然纯朴风格的追求

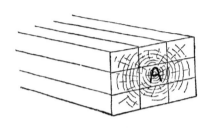

图 16 用于房屋装饰的木料切割方法

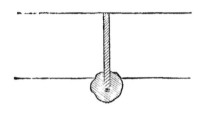

图 17 用于隔断的立柱凹槽截面

促使他们选用了形状怪异的木料。图 7 展示的房屋端部就有一个弯曲的横梁，穿过了支撑屋脊大梁的竖杆。

在房间的装饰中，不得不提及日本人对木料的精心挑选和准备。对于好一些的房间，工匠是按照下列步骤选择木料的：首先，锯开一根木料（图 16），并去除易裂的中心部分（图 16 中的 A）。然后，对于构成壁龛前部的圆形立柱，大多数情况下要在上面切割出较深的沟槽，从而卡住隔板的边缘（图 17），将最好的房间分隔成两个隔间或者壁龛。此外，这样处理后的木料不易干裂。

虽然房间的特殊细节将在其他的章节中进行描述，但是在这里最好还是说明一下。在室内装修中，当木匠完成了相应的工作后，便会有一批新的工匠加入，例如细工木匠，他会对粗糙的框架和类似构件进行适当的加工处理，并且要注意确保木料在纹理和色彩上相互匹配。不过，只有使用从同一根原木上获取的材料才能实现这一目标。在日本的贮木场，人们会注意到相同长度的木板被成捆地放置在一起——实际上，这些木板是按照被锯成木板之前在树干中的位置进行捆扎的（图 18）。因此，人们在贮木场完全不会看到杂乱堆放的木板，而是一捆捆牢牢扎在一起的木板，每捆木板都来自同一根原木。

由于房间的大小要与其所包含的榻榻米、横梁、竖杆、椽子、地面和天花板的木板数量相适应，因此所有的板材也要与这些构件的不同尺寸相适应。从整个日本的范围看，榻榻米的尺寸普

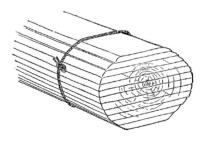

图 18 一捆来自同一树干的木板

遍约为 90 厘米宽、180 厘米长，这些榻榻米被紧密地安放在地板上。工匠会在他的平面图上标出每个房间的榻榻米数量，这个数量决定了每个房间的大小。因此，使用的木材必须具有一定的长度，而木匠们也一定会在贮木场里发现这样的木材。由此可知，日本住宅的建造几乎不存在浪费材料的现象。这与我们建造住宅的奢侈而愚蠢的方法真是大相径庭。在美国，人们在建造完木屋之后，会发现地下室和仓库里塞满了修建新住宅产生的废料。在接下来一年多的时间里，这些粗糙的废木料就会作为柴火被填入壁炉和厨房的炉灶。要知道这些木料可都是价值不菲！

天花板的结构与拼接

普通日本住宅的天花板由宽而薄的木板构成，木板的边缘之间会略有重叠。初看上去，这些木板似乎是由一些窄木条支撑的，它们更像是顶部放置着木板的纤细木梁。然而经过进一步的仔细观察，很快就会发现这是一些横截面只有 6 平方厘米的横梁，它们与构成天花板的木板一样显得过轻过细，似乎不足以支撑天花板。如果细致地检查天花板，人们不会发现任何木楔或钉子的痕迹，于是难免感到奇怪的是：这些木条和木板是如何固定的？为什么

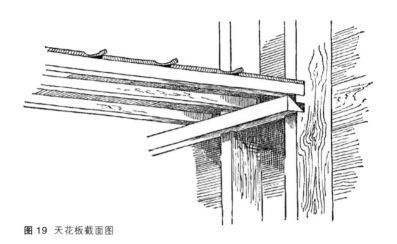

图 19 天花板截面图

整个天花板没有下坠？我们不妨深入了解一下，这些承载着木板的木条首先要以 25~46 厘米的间距横跨整个房间。这些木条的两端搭在房屋两侧的木梁上，这些木梁水平固定于墙面的竖杆上。在廉价的住宅中，木条的截面有一定角度，并以具有锋利边缘的一侧牢固地嵌入刻在竖杆上的凹槽中（图 19），这种嵌入方式可以节约材料。经过调整后，这些木条基本处于同一高度的平面内，处于中部的会略高一些，并由临时置于其下方的长木板固定在一起，这块长木板支撑于地面之上。或者在这些木条的下方横置一根长木棍进行固定，从上方橡子悬垂下来的粗绳将这根长木棍吊住（图 20）。然后会在地板上竖起一个较低的平台（不超过

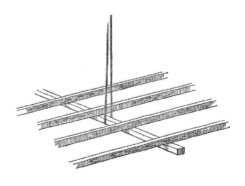

图 20 临时的天花板—橡子支撑结构

2.4米），木匠站在平台上，将递给他的木板放置在横贯房间的木条上，并逐块进行调整。第一块木板要紧贴着墙壁放置，其边缘要嵌入竖杆上的凹槽中。第二块木板的边缘放在第一块木板的上方，并从上面用木钉或竹钉固定在横木条上。因此，人们在天花板的下方看不到钉孔。

当所有的木板都就位之后，每一块木板都略微与前面的木板重叠，并依次用木钉固定在木条上。在每一块木板上靠近重叠边缘的位置都刻有宽而深的凹槽，从而使木板容易弯曲地靠向下面的支撑木条。当木板铺设到一半时，要在最后一块木板的上面放置一根窄而厚的木条，其长度大约为1.8米，距离木板的边缘2.5厘米左右并与之平行，这根木条被钉在下面的木板和横木条上。沿着这根木条的边缘，会有两到三根竖直的木条被钉在上面，竖直木条的上端被钉入上方位置最近的椽子上。天花板就是通过这样的方式被悬吊起来的（图21）。这一步骤之后，还要继续铺设并固定剩余的木板，直到最后一块铺设完毕。为了将最后一块木板固定在适当的位置，木匠要采用一些特殊的方法。其中一个方

图21 从上方看到的悬吊起来的天花板

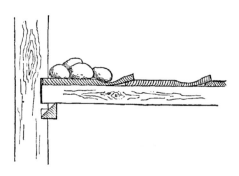

图 22 天花板上用于配重的石头

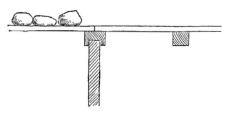

图 23 壁橱中的天花板

法是将这块木板先放置在前一块已经固定好的木板上，然后在上面放置一些石头，最后从下面将这块木板移动到恰当的位置，这块木板由于石头的重力作用仿佛被钉子固定住一样牢固（图 22）。如果房间中有壁橱或者壁龛，最后这块木板会被锯成两到三段，再依次放到合适的位置，并从上面钉在横木条上——由于被放置得极为精心，人们在下面看到的这块木板几乎完好无损，完全看不出是被锯断的。这些被锯开的部分依次放置，最后一块要放在壁橱的内部，它的上面可以用石头配重，也可以不采取任何的固定措施（图 23）。

我之所以对天花板进行如此清晰的详述，是因为即使是日本人，也很少有人能准确理解天花板的悬吊方式。

在一些狭长的房间内，人们会惊讶地发现天花板是由一块宽木板构成的，看上去似乎从房屋的一端延续到另一端。实际上，这块宽木板是由众多短小的木板组合而成的。通过在一捆木板中选取相邻的木板，可以实现纹理和色彩的匹配。正如前面的描述和图片所展示的，这些木板以端部对齐的方式放置在一起（图

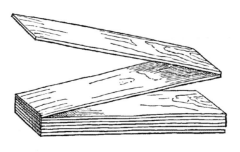

图24 从一捆具有同样纹理的模板中选取木板的方式

24）。当然，要通过精心选取使连接构件正好位于横梁的上方，这样木材的纹理就会具有连续性。当然，每一个木板的纹理线条和色彩与其他木板上的几乎完全一致和匹配。有时候，可以通过这样的方式将一段一段的木板连接起来，形成犹如一整块长木板的效果。将来自同一根原木的木板并置放在一起所带来的好处显而易见。而在美国，木匠在贮木场中寻找这样的木材却如同大海捞针，很难发现纹理和色彩相似的木料。

日式隔断墙与墙壁

日本工匠可以通过各种方法在住宅中创造永久的隔断墙。其中一种方法是采用长度不同的竹条代替木板条，首先将窄竹条以垂直的方式钉在两根木条上，再将这些木条固定在竖杆上。然后，通过粗糙的草绳或者树皮纤维将更细的竹条横向穿过这些垂直的竹条（图4）。这种隔断墙与我们的石膏板条隔断并没有什么不同。另一种隔断墙的主体是由木板和竹条构成的，木板紧靠在这些小竹条上并被钉在一起，形成完全封闭的状态，然后再抹上灰泥。涂抹灰泥是相当费力的工作，泥水匠们会将颜色各异的沙子和黏土样本带到住宅，然后房主会挑选自己喜爱的墙壁色调。上好的灰泥涂层包括三层：第一层是由泥浆构成并混有切碎的稻草，第二层主要由石灰和泥浆组成，最后一层则由彩色的沙子或黏土与石灰混合而成。最后一层总是要由一位技艺娴熟的工匠来完成。处理这种墙面的其他方法将在有关室内装饰的章节中介绍。

还有一些房间之间的隔断墙完全是由轻便的推拉屏风构成，后文将对此进行详细的描述。很多住宅的两个或多个侧面都是由这些简单脆弱的装置构成的。住宅的木制永久性外墙大多是由横向钉在框架上的薄木板构成的——与美国人为住宅铺设墙板的方式类似。在这些木板上以垂直的方式钉上一些长木条，会使房屋更为牢固。这些木板也可以竖直地固定在房屋上，并在接缝处钉上密封条——这也是美国一些住宅中的常用方法。在日本的南部地区，有一种粗糙的住宅墙面，是用树皮制成的宽板条垂直排列构成的，并通过横向钉在上面的细竹条固定在一起。这种风格不仅在日本穷人的住宅中极为常见，也经常作为贵族阶级住宅墙面的装饰手段，出现在距离地面1米多高的墙面上。

涂有灰泥的外墙也随处可见，尽管这种墙面的耐久性较差，人们经常看到的是它破败不堪的情景。在日本人的图画书中也经常出现这种裸露出竹条的残垣断

图 25 房屋侧面方形瓷砖的布局形式

壁,暗示着贫穷的状态。

在城市中,诸如仓库这样的建筑具有更为耐用的外墙,并经常覆盖着方形的瓷砖。通过四角进行固定,这些瓷砖被覆盖在预先建好的木板墙上。它们以对角线或者水平的方式排列在墙面上。无论采用哪种形式,这些瓷砖之间都留有 6 毫米的缝隙,然后用白色的灰泥填充这些缝隙,并在缝隙的每侧延伸 2.5 厘米左右的宽度,最后修整为弧形的表面。这是一项充满了雅趣和艺术性的工作,暗灰色的瓷砖与白色的灰泥线条交相辉映、分外醒目,产生了迷人的艺术韵味(图 25)。

防火仓库

由于防火仓库也偶尔用于居住,所以这里有必要简单介绍一下它的结构。这种专门设计的防火仓库,高度一般为两层。它的墙壁是将灰泥涂抹在高强度的坚固框架上形成的,其厚度为 46~60 厘米不等。框架的横梁上刻有很多凹槽,并用粗纤维绳索将一些小竹条紧紧固定在横梁上。这些粗纤维短绳大概有 30 厘米长,将横梁和竖杆紧缚在一起。所有这些准备工作都是为了确保其能够承受连续涂抹的灰泥层。仓库建造伊始,人们先要修建一个将建筑环绕在内的宽大脚手架。实际上,这个脚手架形成了一个巨大的笼子,上面还挂着很多草垫,以防灰泥干燥过快。这个"笼子"非常宽敞,足以让工人在它的四周和下面自由工作。一层灰泥涂抹完之后,要放置很长的时间,等到彻底干燥后再涂抹下一层。因此,一座这样的防火仓库可能需要两年以上的时间才能建造完毕。墙壁完成之后,还要涂上一层灰泥或者灰泥与灯黑(一种纯净的碳质颜料)的混合物,并打磨成类似黑漆一样的精细抛光表面。

磨光的时候，人们先使用布，然后换成丝绸，最后用手来完成。

新建成的防火仓库会呈现出坚实和庄严的外观，厚实的屋顶上巨大的屋脊十分突出，上面的灰泥饰物设计得极具艺术性，屋脊的端部还镶嵌着带有高浮雕的装饰瓷砖。但这些建筑精细抛光的表面很快就会黯淡无光，最终变成单调的黑色或石板色。有时候，工匠会在建筑表面涂一层白色的灰泥。

在防火仓库外墙上可以看到一系列长长的铁钩，它们用来悬挂一些可调节的木箱，这些木箱覆盖住墙壁，可以避免墙面被腐蚀。这些木箱靠在建筑的外墙上，在适当的位置上留有开口，使铁钩可以伸出，一些横贯墙壁的细长木杆穿过铁钩末端的上翘部分，将木箱依次固定在相应的位置。

这些建筑的窗口都很小，每一扇窗户都由厚实的推拉窗或者双层百叶窗封闭。这些百叶窗的边缘有一系列的槽口，与我们在银行保险柜沉重的柜门上看到的几乎完全一样。当火灾发生时，人们会用泥浆把百叶窗的缝隙堵住，这些泥浆都是事先拌好的，以备急用。这些建筑如果建造得当，也能很好地满足其功能的需求。火灾之后，周围被夷为一片平地，甚至见不到摇摇欲坠的烟囱、千疮百孔的地窖和墙壁，这些沾满烟尘的黑色防火仓库仍然完好地屹立于废墟之中，极为显眼。然而，它们也并非都能在火灾中幸存下来，有些防火仓库中也会冒出滚滚的浓烟。正如在美国，保险柜也不都是防火的。

日本木匠的工具箱

由于对美国的普通木匠有着更多的了解，我不得不说，日本木匠的手艺要比美国木匠更加高超，这是无可辩驳的事实。他们不仅显示了高超的技艺，还有创造新事物的能力。令人惊讶的是，日本的木匠或细木工会以极大的耐心反复斟酌和推敲自己的方案，不仅用新奇的方法绘制图纸，还制定出同样新奇的目标，并最终取得成功。在美国，一些小镇和乡村的木匠则相形见绌，除了常规的两层住宅和普通屋顶之外，他们几乎没有能力满足任何特殊的需求。站在窗口或檐口的前面，他们会感到迷惘，因为这些已经超出了他们及其父辈的能力。实际上，在大多数情况下他们的父辈不能算是木匠，他们的儿子当然也不是。仅从这一点来看，日本的木匠就要远胜于美国的木匠，因为在日本，很多行业一直都是世代相传的。所以日本木匠的孩子们几乎都是闻着刨花的香味长大的——他们稚嫩的双手就可以操作可调节的虎钳或夹钳，凭借着这些在孩童时代常常递给父亲的工具，他们在长大成人后完全可以维持生计。

先来看看美国木匠那沉重的工具箱，它们采用抛光的木料制成，并镶嵌着黄铜装饰，里面装满了价值数百美元的高度抛光的、由机器制造的精致工具。再看看他们使用这些工具完成的工作——所有需要紧固的地方都会松散，所有需要活动的地方都会死死卡住，而且很多工作至少要返工两次以上才能完成，这一切都反映出他们在构思上的贫乏。然后，我们再来看看日本木匠那些轻的离谱、简陋寒酸的工具箱，里面只是一些粗糙、原始的工具。考虑到二者的木工手艺，我不得不深信——如果没有充满创意、品位和智慧的大脑，文明和现代化的工具将是毫无用处的。

一个非常严重的情况是，在美国几乎没有人愿意踏踏实实地从事木匠行业。毫无疑问，造成这种可悲局面的主要原因就是机械制品取代了传统的手工制品。现在，门板、百叶窗、窗框、装饰线条都是用机器制成的，所有这些都是在贪婪和匆忙中完成的，并且砍伐了繁茂的树木，这些树木即使在运输的过程中没有变成碎片，在进入住宅后也很快会被肢解。

这里还要提一下日本木匠常用的工具。当看到日本工匠精湛、实用的技艺打造的，完美的接合处以及复杂的榫卯结构后，人们会惊讶地发现他们并没有使用被美国的木匠视为必不可少的某些工具。他们没有工作台和水平仪，也没有校准工具，更没有任何省力的机械工具。虽然他们的工具看上去有些粗糙，设计非常原始，但是却采用了最好的回火钢。木匠工作台的替代品只是置于地面上或两个脚架上的一块木板。一根结实的方形立柱紧挨着工作台，形成一个台钳，可以把将被锯成木板的木块牢牢固定住（图26）。一个大木楔被粗绳绑在立柱上，通过向下猛击把木楔紧紧压在下面的木块上，然后按照希望的比例进行切割。在很多工具的使用方面，日本木匠的处理方式与我们的木匠完全不同。例如，日本的木匠使用刨子时是把它拉向自己，而不是向外推。而这些刨子看起来

图26 日本木匠的台钳

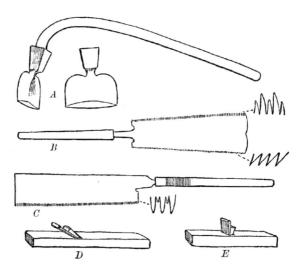

图 27 木匠的常用工具

也很粗糙，刨身不是用厚实的木块，而是用宽而薄的木片做成的（图27中的D、E），刨刀的倾斜角度也比我们的大很多。不过，有些刨子的刨刀是垂直放置的，在对木料表面的光滑度进行处理时，它们可以代替钢刮刀。也许美国的木匠可以利用这种刨子的特点，替代以玻璃片或薄钢片对木头的表面进行刮擦。人们还经常看到一种长达1.8米的巨型刨子。不过，这种刨子是以上下颠倒的方式固定在倾斜的位置上，也就是说刨刀是朝上的，通过来回移动放在上面的木板就可以将其刨平。

拉刮刀是一种常用的工具，而锯子的种类则更为繁多，而且它们的锯齿比美国的要长很多，锯切的方式也截然不同。它们之中的一些锯齿形状让我们想起美国最近才获得专利的一些锯子。一些锯子的两侧都有锯齿，其中一侧的边缘还可以作为横切锯使用（图27中的B、C）。他们的手锯与美国的一样，但是没有只能容纳一只手的奇怪环形手柄，而是采用了笔直的圆柱形手柄，这个简单的手柄与锯子具有相同的长度，有时还要长一些。美国的木匠只用一只手握住手柄，同时用另一只手握住要被锯断的木材。而日本的木匠却是用脚踩住木材，弯下腰来用两只手握住手柄快速拉动锯子把木材锯断。如果没有日本移民的支持，这种工作方式是不会被美国人接受的。这些日本移民在各种工作中所表现出的态度在美国人看来非常奇怪，比如说，日本的女仆是不会跪下来用湿抹布擦拭地板或走廊的，而是双脚仍然踩在地面上，同时弯下腰用双手来回推动抹布，并以这个难受的姿势完成她的工作。

扁斧通常带有粗糙的手柄，其下部的弯曲度较大，与曲棍球的球杆非常相似（图27，A）。在夏天，日本的木匠都穿着很少的衣物，几乎总是打着赤脚。人们常会看到木匠站在木材上，手握这种如剃刀一般锋利、手柄弯曲的工具，以充满激情的方式锯着木头，溅起的大量木屑落在地上，距离他裸露的脚趾只有寸许。这种场景一定会让一个神经脆弱的人感到瞠目结舌。在美国，我们从未见过脚趾被木屑盖住的木匠，甚至脚上带着木屑痕迹的木匠也不常见。我们认为这足以证明他们使用这种实用工具的熟练和精确程度。

对于钻孔，日本木匠使用的是一种长柄锥子。木匠先把长柄的末端放在两个手掌之间，然后快速搓动双手并向下用力，使锥子快速地来回转动。当双手逐渐下滑到手柄的底部时，要迅速地把双手再次放到手柄的上部，并继续重复之前的动作。这种简单高效的快速钻孔方法简直令人惊讶。对于较大的孔洞，日本木匠使用与我们一样的螺旋钻。他们的凿子在形状上也与我们的颇为相似。他们也使用锤子在双手容易触及的位置钉钉子，用一只手握住长长的锤柄，用另一只手的拇指和食指夹住钉子，然后用锤子较尖的一头在木头上敲一个小孔，把钉子插入后再用力把钉子敲进木头。

便携钉盒是一个类似圆形篮子的容器，上面附带着一段短绳，短绳的一端穿过一个木制小壶或竹制的提手，从而可以悬挂在木匠的腰带或腰绳上（图28）。木瓦工的钉盒底部较长并带有很多洞孔，这是为了可以将它们暂时钉在屋顶上（图64）。

图28　日本木匠放钉子的容器

日本木匠有三种必须配合其他工具使用的工具，它们分别是铁角尺、木制的起线刷和用来代替粉笔线的墨水壶。他们的铁角尺比美国的角尺要更窄一些。起线刷是一种采用纤维木材制作的双头刷子，一端为圆形，另一端则具有宽而锋利的边缘（图29）。木匠总是随身携带一个盒子，里面装着浸透了墨水的棉花。木匠凭借着起线刷和墨水，可以用圆形的一端做出符号和标记，或者用锋利边缘的一端画出精细的黑线。这种双头起线刷还有一个优点，就是木匠可以随时随地做出一

图29　木匠的木制起线刷

把这样的刷子。墨水壶（图30，A、B）可以替代美国木匠使用的粉笔线。这种木制的工具通常造型怪异，其一端被挖成空腔，里面填满了浸透墨水的棉花，另一端是一个带有小曲柄的卷轴。卷轴上缠绕着一根长线，长线可以自由穿过棉花和另一端的洞孔，其末端固定着一个类似锥子的物体。为了在木板上画出一条直线，要先把锥子扎入木板并放开卷起的长线。在这一过程中，长线会

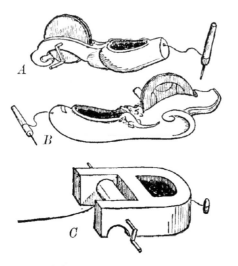

图 30 墨水壶

被墨水染黑。通过绷直的长线，木匠就可以在木板的表面上印出一条清晰的黑色直线，然后再摇动小曲柄将长线卷起。与粉笔线相比，这种工具在很多方面都更为实用，不仅画线更为方便，而且留在木头上的是清晰的黑线，而不是容易被抹掉的模糊粉笔线。通过把线绳牢牢卡在手柄上，然后再用锥子把整个工具悬挂起来，木匠还可以把这种工具当作铅垂线使用。

铅垂线是用一根 1.2 米或 1.5 米长的木条做成的，在其两端分别用 10~13 厘米长的木条钉成直角，并在一侧突出 2.5 厘米的长度。这两根横木条的长度必须完全相同，要对较长的木条进行调整，从而达到同样的突出距离。在横木条突出较多的一侧，悬吊着一根绳子，绳子的下端系着一个重物。在用铅垂进行测量时，横木条较短的一侧要靠在墙壁上或者需要找平的部分，并进行调整，直到绳子刚好碰到下部横木条的边缘。图 31 清晰地展示了这一简单装置的外观和使用方法。

图 31 铅垂线

日本人在黏合木头，尤其是饰面薄板时，所使用的工具与美国人制作橱柜时使用的基本一致——运用一些有弹性的木杆或竹竿，将其一端顶在结实的天花板或者支撑物上，另一端则压在将要黏合的木料上。在进行抛光和打磨时，也会利用这种工具产生的压力。

受到篇幅限制，我在这里介绍的工具远不是日本木匠所使用的全部，只是他们在工作中经常用到的。这些工具的主要优点是易于制作，事实上，除了铁制的构件外，每一位日本木匠都可以并且经常自己制作这些工具。

通过对古书和古画的考证，我发现很多古物至今仍在日本使用。我在一家日本古玩店见到了古老书画卷轴的复制品，这种长长的书画卷轴类似墙纸卷，上面经常书写或者绘制着连续的故事和历史事件。这幅画卷展现了一座寺庙从头至尾的建造过程，其中的一幅图画描绘了木匠们正在劈砍木料和建造建筑框架的场面。画中很多人在工作，也有一些人正在吃喝，把工具放在一旁。画面中出现的工具包括凿子、木槌、短柄小斧、扁斧、角尺和锯子，但是没有出现刨子和长锯。画中显示了木匠如何使用凿子将木料纵向劈开，而角尺的使用方法与今天几乎相同。此外，画面中还有一种代替刨子的工具，与制桶工人仍在使用的工具非常相似。我记得曾经目睹过有人使用与图32中相似的工具从一根长木料上剥下树皮。

图30中的C显示，墨水壶在当时的形式更为简单、原始。古代木匠的工具箱与今天使用的很相似，但是更小巧、轻便。在工具箱（图32）的盖子上还附带了一把奇怪的手锯，其锯齿一侧的边缘为曲线造型。更为常用的大型锯子在两端都有把手，锯齿一

侧的边缘为弧形，锯切时由两人共同操作，但是我从未见过这种形状的手锯。而这幅画卷中展示的所有锯子都具有弧形的边缘。

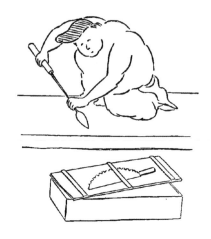

尤为值得称赞的是，日本木匠搭建的脚手架极为结实、耐用、合理。脚手架的各个部分不是用钉子固定在一起的，因为钉子穿过的地方木材会容易碎裂，脚手架

图 32 日本古代木匠工作的场景

的完整性也会受到破坏。因此，无论是水平的还是竖直的部件，都用结实的绳索牢固地捆绑在一起。绳子以尽可能紧的方式反复缠绕在连接处。我几乎从没听说过日本人在修建宏伟的佛寺的过程中，脚手架发生什么可怕的事故。而在美国，建造同样高大的建筑时，由于脚手架的变形和倒塌造成的事故却比比皆是。如果日本木匠得知他的基督教兄弟搭建了一个随时都可能倒塌的脚手架时，一定会觉得这实在是一件愚笨可笑的事情。

难以分类的日式老宅

西方作家在谈到日本的时候，大都会注意到这里缺少宏伟庄严的高楼大厦，按照他们的解释，这是因为没有任何高大的结构或建筑能够在该国频发的地震中幸存。然而，日本确实有一些这样的建筑，并且已经存在了几百年——譬如古老的寺庙和高耸的宝塔，以及大名（封建时代日本对领主的称呼）的城堡，其中以位于熊本和名古屋的城堡最为著名。如果你去了解一下就会发现真相，其实摧毁日本曾经存在的宏伟建筑的主要原因是历史上的数次革命和叛乱。

埃米·亨伯特（1863—1864 年间瑞士驻日本大使）对大名的城堡颇为赞赏，他说："这些建筑的总体效果主要来自它们恢宏的气势和协调的比例，而不是丰富多彩的细节。在这方面，一些日本大名的住宅堪称东亚建筑的不朽丰碑。"

关于日本的建筑，与其他事物一样，我们必须持有共情的态度，或者至少在欣赏他们的作品和考虑它们产生的条件时能够唤醒这种共情。更为重要的是，我们必须摆脱所有先入为主的想法，避免想当然地去认为他们的住宅应该是什么样子，而要以日本人的立场去评判日本建筑师的作品。

我们所认知的高大建筑，在日本无外乎就是寺庙和城堡。事实上，造成这种状况的原因也许是大多数日本人都很贫穷，并且非常贫穷。

除了住宅的营房之外，共享式建筑的概念从未在日本人的思维之中出现过。每一个家庭都想方设法拥有自己的住宅，只有极少数的家庭例外。因此，大多数的日本住宅只能算作庇护所，只是满足了基本的需要而已。在这些贫民窟的海洋中偶尔会浮现出一些寺庙建筑，这些寺庙建筑在很多方面与美国的双层木屋有着相似的特征，这些木屋的窗楣有着些许希腊式的韵味，正面的立柱也尽显多利安柱式的风格。

此外，对于日本的寺庙，我们还应考虑日本人的拜佛方式，准确地说就是信徒们如何使用这些气势非凡的高大建筑。因此，我们最终会对所有这些问题产生同情和共鸣，于是会看到崭新的一面，那些原来看上去奇形怪状和毫无意义的建筑，现在却尽显美感和重要意义。

从一些规模庞大的寺庙外观，我们领略了真正的威严气势。它们的屋顶铺着沉重的瓦片，宽大的屋檐向上挑起，显得宏伟庄重。其下方是错综复杂的支撑结构和精致美观的雕刻装饰。整个上部结构由巨大的圆柱支撑，这些立柱被同样庞大的木制构件紧固在一起。当然，对于日本人来说，这是一种令人鼓舞、难以言表的效果。这些寺庙与周围那些矮小破烂的住宅形成的巨大反差，更显其巍峨壮观，令人过目难忘。虽然西方人见惯了欧洲的大教堂，但是对这些寺庙建筑也会赞赏不已。甚至在更小的城镇和村庄，旅行者有时也会与这样高大威严的建筑不期而遇。它们的周边总是风景如画，而不是贫瘠的土地或毫无价值的沙丘，非常适合这些简朴的日本人。在宗教盛行的日本，最为迷人和优美的地点总是被选来建造寺庙。

不管怎么说，对于在这个国家旅行的西方人来说，很难辨别日本的不同建筑类型，或者区分出不同种类住宅的显著差异。不过，日本建筑中装饰方面的细节却很容易得到人们的注意。如果是在寺庙建筑中，这些细节特征则体现得更加成熟、完善。

这里不得不提到一点，我发现在日本很难找到有关日本住宅建筑的图书。我想，从理论上讲，这种书籍应该是存在的。但是，尽管我发动了许多日本朋友，甚至还包括一位书商，还是没能有幸寻得一本此类图书。不过，有关寺庙建筑的书籍却随处可见，所涉及的内容从框架的平面图到完整的结构可谓一应俱全。此外，关于防火仓库、地下室、大门、牌坊的图书也极为丰富。有关茶道空间的布局、住宅内部装修——壁龛、书架、屏风、精致橱柜的书籍更是随手可得。只是展示普通住宅平面图和立面图的书籍却始终难得一见。一些朋友为我提供了木匠绘制的自家住宅的平面图，但是不含立面图和外部装饰的细节图。我想，对于普通的日本住宅来说，似乎只需在平面图上详细标出房间的数量和大小就已足够，其他结构可由木匠随便用什么办法完成，只要确保不漏雨就够了。

因为日本的民用住宅没有建筑展示方面的尝试，外国的旅行者倒是避免了很多在本国经常遭遇的悲惨经历——在那里，他们一定只能从千篇一律的住宅中偶尔才发现少数品位高雅的房屋。那些呆板的房屋犹如多孔的木箱，上面扣着造型生硬的屋顶和红色的烟囱。他们还会不时地遇到一些拥有圆顶、宽檐和科林斯立柱的丑陋建筑，简直是缺乏优雅品位、造型怪异的"四不像"。

由于日本各藩国之间孤立隔绝的统治方式，各地的建筑风格产生了的巨大差异，这在屋顶和屋脊的设计中体现得尤为明显。虽然日本人的房屋在很多方面相当保守，但是值得注意的是，在过去的二百五十年内，住宅建筑已经发生了很大改变。与古老的房屋相比，在近代的日本房屋中，框架结构的木梁变得更轻，木板也变得更窄。这也许是因为过去的木料要比现在的更便宜，也可能是人们通过经验得知，轻一些的木料所具有的强度也足以承担住宅结构的重量。

日本的住宅都是木制的，通常只有一层并保持木材原本的颜色。能够以特殊的外观在相邻住宅中脱颖而出的住宅极为罕见。

当然，它们的相同特征会令人感到单调乏味。尤其当村路的旁边长长地排列着这种沉闷无趣的住宅时，这种感受便会更加强烈。只有一些新颖别致的屋顶能稍稍令它们摆脱单调乏味的恶名。

当居住在乡村的人需要的不仅仅是一个庇护所，而是住宅的全部功能元素时，乡村住宅就普遍修建得要比城市的住宅更大、更坚固，厚重的茅草屋顶和精致的屋脊显得格外别致。在日本北部，我们还可以看到更大的住宅——屋顶的比例巨大，下部的空间也很宽敞。而在日本南部，只有寺庙的屋顶下方才会出现如此宽大的空间。

我们前面提到的都是贵族阶级的住宅，而贫穷的农民、渔民以及城市中的穷人的住宅最多只能算作陋室而已。正如一位朋友所说，它们都是用"碎木片、纸板和稻草"建造的。但是，即使是这些在大城市集中出现的陋室，与很多基督教国家城市中相同阶级残破脏乱的住所相比，都算得上华丽的宫殿了。

在日本旅行时，我们会发现这里中产阶级家庭的数量极少，这与民宅所反映出的结果是完全一致的。的确，我们偶尔遇到一些带有宽大茅草屋顶的又大又舒适的住宅，都是富裕的家庭才建得起的。其周围还有很多的防火仓库和附属建筑。大部分时候，我们看到的还是穷苦人住的房子，基本上都是家徒四壁，只能算作贫民窟。

虽然这些贫民窟内的居民非常贫穷，但是他们却满足于现状，过着以苦为乐的生活。其他阶级虽然并不贫困，但是他们的住宅却非常简朴，显露出贫穷的特征。很多住宅的规模很小，外国旅行者常见的小村舍最多只有两三个房间，整个住宅还没有美国住宅的一个房间大。不过，当他看到一个三四口人的家庭在这个整洁的有限空间内过着清净的生活时，就会恍然大悟——在日本，贫困和陋室并不总是与粗俗的举止、肮脏污秽和犯罪联系在一起的。

与美国一样，日本乡下有钱人的住宅与城市贵族阶级的住宅之间存在着明显的差别。前者通常带有厚重的茅草屋顶，室内被烟雾熏得黑漆漆的；而后者的屋顶较矮，覆盖着整齐的瓦片或木瓦，室内窗明几净。

在东京，临街的住宅有着监狱般的封闭外观，墙壁是用木板或者灰泥建造的，上面开设了一两个小窗，并用轻便的竹条作为窗栅栏，有的则使用沉重的方木栅栏。这些住宅的入口一般设在拐角或者侧面。在住宅的后面或者侧面，至少有一道游廊。我现在所说的是城市中普通贵族阶级的住宅，但并不是最好的。最好的住宅通常远离街道，被花园所环绕。

图33展现了东京神田区的一组临街住宅。在某些情况下，窗户是向外凸出的，或者是悬挂式凸窗，并使用竹条或方木条作为窗栅栏。住户可以透过这些窗栅栏与街头的商贩讨价还价。与我们的玻璃窗不同的是，可以推拉的窗扇上贴着厚实的白纸。这些住宅通常设有共用的入口，入口包括一扇大门和旁边的小门，大门主要用于车辆和重物的进出，小门则用于人员的出入。有时候，这扇大门上会开一个方形的开口，并用推拉门或格栅封闭，住户可以由这里进出。

这些住宅如果是木制的，可能会被涂成黑色，但在更多情况下保留了木头的本色，经过风吹日晒和雨淋，原木色便会逐渐黯淡。当需要涂漆时，人们常常使用沉闷的黑色，因为这种颜色看上去不刺眼。但是在炎热的季节，这种黑色墙面会吸收过多的热量，从而造成室内的温度过高，令人难以忍受。灰泥外墙的表面通常涂成白色，房屋的框架结构被涂成黑色，这种处理方式无疑呈现出一种肃穆的氛围。

图 34 展示了同一条街道上的另外两栋住宅，其中一栋的后方是一栋两层建筑。进入住宅的大门在图中是敞开的，远处住宅的大门是临街的。

通常情况下，图 33 和图 34 所示的这种在边缘建有沟渠的街道并不多见。在这种情况下，沟渠通常为 90~120 厘米宽，内壁采用石头建造，并在住宅的大门处建有石桥或木桥。雨水可以通过这些沟渠流走，虽然来自厨房和洗浴的废水影响了水质，但是其纯净度仍然可以维持许多生物的成长，例如蜗牛、青蛙，甚至鱼类。在更古老的城市中，大量贫困阶级的住宅通常聚集在一个街区内，并设有一个进入住宅区的公共入口。

自从 1868 年明治维新以来，东京出现了一种新住宅——长屋：一排连续的房屋位于同一个屋顶之下，位于临街的一侧，每间房屋都拥有独立的入口。图 35 展示了一排这样的房屋。这些几乎完全由一层住宅构成的街区在东京的各个地区都很常见。在这些房屋的后面，每户都有一小块土地，可以用来修建一个小花园。收入较低，但绝不算穷苦阶级的人们通常居住在这样的住宅中。一位东京的老居民告诉我，只有明治维新之后建造的住宅才拥有临街开放的大门或入口。当然，这种极为便利、经济的住宅形式注定会成为未来住宅的共同特征。

在商业街的两侧，同样可以看到一排排类似的房屋（町屋或町家），虽然每间店铺都是一座独立的房屋，但是彼此之间距离很近，几乎连接在一起。并且，所有的小型店铺，包括一些更大

图 33 东京神田区某街道

图 34 东京神田区某街道

图 35 东京的廉价住宅街区

的店铺，都是商住合一的形式。商品陈列在临街一侧的房间内，店主及其家人则居住在后面的房间内。当人们在店内交易时，由于整个门面都是敞开的，也许会瞥见正在后面用餐的店主家人，甚至可能透过整个建筑看到更深处的花园。对于一个西方人来说，在这种沉闷昏暗的店铺内发现独立式住宅，以及品位雅致、洁净整齐的房间时，一定会感到无比惊讶。比如我就曾经在东京最繁华的街道上穿过一家印刷厂，看到了繁忙工作的印刷机和印刷女工，随后来到一座小巧精致的花园，在穿过一座微型的步行桥之后，眼前赫然出现了一栋美不胜收的住宅。

普通的日本商人都习惯于居住在这种带有店铺，与住宅位于同一屋檐之下的建筑内。但也有人告诉我，东京的富商们通常都会在市郊建造自己的住宅，距离他们的商铺较远。

图 36 展示了一栋贵族阶级的城市住宅。住宅位于一条新建的街道上，其一侧是一片空地。尽管如此，住宅的四周仍然围绕着高高的木篱墙。这是由于日本住宅普遍具有开放的特点，如果需要的话，只能通过又高又厚的篱墙来保护家庭的隐私。图中是从街上看到的住宅外观，住宅的正门靠近图中左侧的人门。图中并未展示建筑的正面，实际上，还有很多方面都没有展示出来。因为最大、最好的房间往往位于住宅的后部。住宅的厨房位于被称为后院的区域，后院与住宅主入口前面的区域相邻，并通过高高的篱墙隔离。住宅二层有一个房间，也许是作为客房使用。一段由厚木板制成的陡峭阶梯通向客房，没有任何栏杆扶手提供保护措施。屋顶上覆盖着厚厚的瓦片。住宅的外墙是由宽而薄的木板构成的，这些木板竖向并置在一起，其接缝处采用细木条覆盖。图 37 展示了该住宅的背面。后部所有的房间都朝向花园，沿着游廊的是三个房间构成的独立单元。二楼的阳台有一个轻便的辅助

屋顶，从上面垂下的竹帘可以为房间遮蔽强烈的阳光。下层房间的窗口也悬挂了同样的竹帘。

游廊非常宽敞，并在房间的分隔处设有凹槽，在需要的时候可以通过调节木制屏风或者百叶窗将房间临时隔成两部分。在游廊的尽头，也就是图中的左侧，设有一个厕所。这栋住宅的地板下面是完全开放的，空气可以自由流通。

图 36 东京的一栋贵族住宅

图 37 从花园内看到的图 36 中的住宅

图 38 展示了东京的另一种住宅。这是一座低矮的一层临街住宅。它的泥瓦屋顶仿佛被切割成奇怪的山墙造型，入口处由一扇带有木栅的推拉门提供保护，巨大的凸窗上也附带着木栅。在木板墙的上方有一道竹帘，起到了为游廊遮阳的作用。住宅的背面是开放的，那里也许会有一座漂亮的花园——但是在图中无法看到，因为这张插画与其他插画一样，都是在匆忙之中绘制的。

从这个例子中，我们可以看出很多日本住宅具有矮小的特征，尽管如此，人们却在其中过着清洁、舒适的生活。

在日本的北部，人们会经常看到一些类似瑞士建筑风格的新颖住宅——其外观展现了巨大的山墙和大量粗糙的原木，这些木料还保持着树干的不规则形态，彼此间的缝隙中填充着黏土或灰泥。屋檐向外伸出的幅度很大，上面还有凸起的椽子。在山墙和突出的阳台上，通常还会看到精雕细刻的木制构件。主屋顶以及游廊的屋顶如果是木瓦结构的，一定会压上各种大小的石头进行

图 38 东京九段附近的某住宅

加固，以防被时常刮起的大风吹走，这进一步证明其与瑞士建筑的相似性。这些风格特征在虾夷（今北海道）尤为常见。

图 39 展示了一栋这样的房屋，它位于陆前国（今宫城县和岩手县的部分地区）的松岛附近。屋顶的侧面开设了一个出烟口，其形状与带有圆顶的屋顶窗相像。通常情况下，这个开口都位于山墙端，处在屋顶形成的夹角下方。

图 40 展示了同一地区的另一种房屋。其出烟口位于屋脊的顶部，形状像一个角形屋顶，出烟口的屋脊与住宅的屋脊相互垂直，出口是一扇花格窗。这个通风口以及主屋顶都覆盖着厚重的茅草，辅助屋顶是用木板建造的，并用石头进行配重。在图中的左侧可以看到带有瓦顶和灰泥涂层的木板墙。我们还可以看到一些劳工正在路上搬运沉重的石块。

在图 41 中，可以看到北海道室兰的路边住宅。这里的出烟口是屋脊上一个低矮的辅助结构，屋脊本身是平坦的，上面还种植着百合花。这种屋顶通常巨大而宽阔。

如果我们从盛冈市乘船顺流而下，很快就会到达北上河流入仙台湾的地方。这里的房屋都是古老的风格，很多都拥有漂亮的凸窗。图 42 展示了此地住宅的正面外观，可以看到巨大的山墙屋顶，宽大的屋檐从正面探出——椽子的末端向外伸出，以支撑屋檐和山墙端的横梁。凸窗的宽度几乎横贯了整个山墙。窗口上方雕饰带上的木板是黑色的，上面有松竹相间的镂空图案。

规模较大的这类房屋通常都是客栈。它们一般都临街而建，开放的外观和诱人入内的氛围表明了它们的用途和特点。在日本，人们会经常遇到这样的客栈，因此在日本的旅行要比在美国轻松

图 39 陆前国的一间乡村客栈

图 40 陆前国的一间乡村客栈

图 41 北海道室兰附近的某住宅

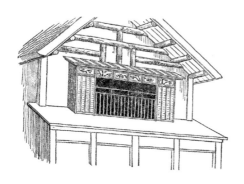

图42 陆前国某乡村住宅的凸窗

舒适得多。在日本北部，这种客栈大多只有一层，少数是两层的，三层的客栈则更为罕见。图43所示的三层客栈位于仙台北部的一个小村庄。

贵族阶级的住宅一般都远离街道，朝向街道的一侧通常设有高大结实的界墙，上面设有几道样式、比例相同的大门，或者是各种带有古朴大门的篱墙。有时候，供佣人居住的狭长低矮的附属建筑也构成了界墙的一部分。在大城市的人口密集地区，人们很难见到古老的房屋，因为毁灭性的大火经常将整个城市吞噬，老房子几乎不可能幸免于难。不过，人们在市郊或者乡村却很容易找到具有百年，甚至二三百年历史的房屋。房屋的老化与人的衰老一样快，由于天气的原因，新房子很快就会变成灰色。尤其是穷人的住宅，往往显得比实际房龄要老旧得多。

我在北上河航行的时候，曾经到过盛冈市，这里长长的街道呈现出优美的外观，路边遍布着造型奇特的低矮房屋（图

图43 仙台北部一家三层客栈

44）。每栋房屋都是一端朝向街道，茅草屋顶上的出烟口看上去犹如一个罩子。街道的一侧是高高的竹篱，散发出浓郁的乡土气息。每栋房屋之间有一小块平地，栽满了色彩绚丽的鲜花。篱墙内灌木丛生，茂盛的枝叶甚至蔓延到路边的人行道上。

独立的武士或富农的住宅往往十分宽敞舒适。在武藏国（今东京、埼玉县和神奈川县的一部分）西部的龟山，我曾经在这样的宅子里度过了一段愉快的时光，留下终生难忘的美好记忆。这种住宅由一组建筑构成，高高的围墙环绕在四周，与街道隔离开来，形成封闭的状态。穿过一道庄严的大门，人们便会进入一个宽敞的庭院，两侧是狭长低矮的建筑，主要用作仓库和仆人宿舍。在院子的另一端，与入口正对的是一座古老的农舍，其右翼突出的部分拥有山墙造型的屋顶（图45），屋顶上覆盖着厚厚的茅草。在翼部建筑的屋顶端部，有一个带有格栅的三角形开口，炊烟从里面袅袅飘出。这座建筑包含若干房间，其中有一个宽敞的厨房——后面我将为读者展示更详细的厨房插画。厨房与该建筑内一个更大的、未做任何装修的部分相通，那里还保持着泥土地面，显然是一间柴棚。房主告诉我，这栋农舍大约有将近三百年的历史。建筑的左侧有一道高高的木墙，人们穿过大门之后就进入了一座更小的庭院和一座花园。在这个区域内，有一栋完全独立于农舍的住宅，里面的房间主要供客人居住。它的一个显著特征就是新奇的茅草屋顶，屋脊的设计更是别致，其灵感来自寺庙建筑。内部的两个大房间与一条狭窄的游廊相通。这些房间的立桩都很高，室内的榻榻米和所有设施都极为整洁。一条带有顶盖的通道将这栋住宅与古老的农舍连在一起。在客房背后不远的地方，还有另外一个呈现出高雅建筑品位的两层住宅，这里居住的是户主的祖父，一位儒雅端庄、彬彬有礼的老绅士。

图 44 盛冈市郊的街道

图 45 龟山的古老农舍

　　日本农家院和美国类似的农庄基本上差不太多。大量用于过冬的木柴堆放在院子的一角，形如篮筐的鸡笼、耙子和农民常用的农具散落在四周。在图45中，巨大的屋顶让人们觉得这幢老宅有些头重脚轻的感觉。在装有木格栅的上层窗口下方，有一个覆盖着瓦片的窄屋顶，这是后来加盖的辅助屋顶结构。

　　在城市中，贵族阶级的住宅更为注重在周边营造出乡村的田园氛围，随处可见古色古香的水井、自然古朴的藤架、篱墙和大门。姿态各异的大门尤为吸引人们的目光，而最为怪异的大门入口往往出现在大城市人口密集的住宅区。

　　带有茅草屋顶的住宅通常属于富人阶级，在东京和京都的郊外极为常见。它们的外观看上去非常奇特，即使在城区中也是如此。人们可能会认为这样的屋顶很容易被火星引燃，从而引起火灾。但实际上，年久的茅草屋顶会被尘土和烟灰压实，所形成的表面上茂盛地生长着各种植物、杂草以及大片苔藓，为屋顶提供了良好的保护层，可以避免飞溅的火花引起大火。

　　我回想起在京都曾经遇到过一栋这样的住宅，它拥有将近三百年的历史。于是我们开始绘制它的插画，从临街的外观、大门内部一直到住宅的背面。接下来我将陆续对这些插画进行描述。

　　第一幅图（图46）是以街边的视角绘制的，展示了带有厚重屋顶的大门和旁边较小的侧门。我们可以看到大门的门板已经被移开，小门则紧紧关闭。在这扇庄严的大门一侧，有一段低矮的建筑，其外部涂抹了灰泥，在临街的一面开设了带有木栅的小窗口，在大门的内外两侧也各有一个这样的瞭望口。大门的另一侧是一堵很高很厚的外墙，上面也开设了小窗口或瞭望口。外墙直接从构成水渠的墙基上拔地而起，或者更确切地说，这个沟渠就是沿

图 46 京都一处老宅的庭院入口

着街道边缘开凿的小型护城河。几块经过加工的石头并列在一起形成了跨越水渠的小桥，人们可以由此进入宅院。在这些建筑的上方，是这座老宅突兀尖锐的屋脊。

图 47 展示了在大门之内看到的老宅。穿过图 46 中敞开的大门，我们首先看到的是图中左侧带有格栅的窗户和一棵大树，在图 46 中，我们只能看到这棵树大门上方的部分。老宅的茅草屋顶极为陡峭，屋脊上覆盖着瓦片。在茅草屋顶的屋檐下，是一段较窄的泥瓦屋顶。屋顶下面悬挂着一部梯子和灭火装置，以应对紧急状况。但必须说明的是，这些家用灭火装置几乎都没发挥过作用。因为当人们需要使用时，会发现这些方形的水箱由于夏天的炎热已经严重变形并出现裂缝。在人们救火时，这些水箱最大的作用就是从无数的裂缝中向这些急欲用它们救火的人疯狂喷水。从图 47 中还可以看到院子内清扫得非常干净，几乎没有杂草。但是在院子的一侧生长着一些灌木和一棵芭蕉树，它们繁茂的枝叶交织缠绕在一起。一棵古树正对着进入庭院的大门。

图 47 京都老宅的庭院内部

与大多数此类住宅一样，这座老宅朝向街道的一面也给人平淡无趣的感受。在这里，老宅有一个附属的"披屋"，或者叫作棚屋（具有单坡屋顶），上面开有圆形的小窗。这可能是一个厨房，因为在图中可以看到它紧挨着一扇通往菜园的大门。

在图 48 中，我们可以看到老宅后面的花园的景观。住宅的后面十分开阔，包括花园和位于前景处的鱼塘，游廊和后来增加的附属建筑的屋顶都覆盖着瓦片。这里居住的是著名古文物学家蜷川的母亲和其尚未出嫁的妹妹。花园内生长着灌木，摆放着花盆，一条石径通向点缀着荷花的鱼塘，竹制的棚架上爬满了藤蔓。显然，这是一座典型的老式花园，但是并不显眼。

在城市里，最令西方人惊讶的感受莫过于从尘土飞扬、喧嚣繁华的街道上直接进入天然质朴的庭院内，去享受乡村生活的宁静和快乐。在东京一条繁忙的街道上，我经常路过一家低矮的店铺，

图48 京都老宅的花园

它的正面装有格栅，从未开放过，我也没有见过任何人在那里交易。我经常从栅栏之间向内窥视，从里面那些木箱的形状和阶梯状的货架看，我知道店主是一位古陶器商。一天，我终于按捺不住，隔着栅栏叫了几次门，终于，一个男人从屏风后面走出来，让我从街边一条狭窄的小巷进去。我照做之后很快便来到一扇大门前，穿过大门后进入了一座整洁的小花园，这位店主显然正要按照冬天的习惯以茶道来招待我。花园的地面上遍布着松针，这些松针是从几条小径上清扫下来的，在灌木和树木的周围形成了厚厚的软垫。主人在游廊中向我问好，并拿出传统的炭火盆为我烤手，然后端出盛放在古董陶器中的茶叶和糕点。

图49展示了我在花园内看到的这所住宅的游廊和部分外观。在游廊的一端，是一段很窄的隔断墙，是用旧船的船板制成的，并用粗大的竹筒固定在房子的一侧。让人们感到有趣和好奇的是，这些古老沉船上破旧发黑的木板居然能够被加工成住宅的各种结

构，并散发着艺术的气息——这也体现出日本建筑师独特的设计思维。大门上方的横梁通常是由形状不规则的粗大原木构成，固定在地面上的承舵柱则支撑着盛水的青铜或陶瓷容器。不过，住宅设计中最常见的还是沉船的碎木板，因为这种木料的色彩丰富，散发出古色古香的韵味，这些品质受到日本人的青睐，于是将其运用于各种目的，制作出魅力独特的物件。

在前面提到的住宅中，一部分船帮和船底的木板被制成游廊一端的屏风，屏风的后面就是厕所。在厕所的侧面，伸出了另一道屏风，由一块经过风吹日晒的木板和一根粗竹竿构成，这个屏风可以遮挡后面的菜园。院子里铺着形状各异的垫脚石和黑木板，形成了蜿蜒的小径。这幅插画基本上准确地反映了日本人在这些方面的品位。

从游廊屋顶上的椽子到下面的木板，所有的木工制品都没有经过涂油、涂漆、木料填充或清漆处理。这些木工制品轻巧耐用，结构完整。同时，住宅的内部和外部结构都非常干净、整洁，就如同一个橱柜一样。图124清晰地展示了这个位于房间一侧的游廊。

图50是东京一位绅士的住宅，从中还可以看到邻居的住宅和花园。高高的封闭篱墙与沿着隅田川河岸延伸的道路相邻。一堵较矮的灌木篱墙从厕所斜向伸出，在住宅和小门之间形成了一道屏障。图中也反映了游廊和阳台的外观和构造思想，它们都得到了悬挑屋檐的遮蔽和保护。

客栈，尤其是乡村客栈拥有最为舒适惬意的环境，人们总是可以自由自在地享有整个建筑。至少，一个西方人在这些公共场所会体验到宾至如归的感受。而日本人也一定会对他们粗鲁笨拙

图 49 东京一家店铺后方住宅的游廊

图 50 东京今户一栋住宅的二层俯瞰景观

的生活方式产生极为深刻的印象，因为外国的房客一般都会待在自己的房间里。这些日本客栈有高大宽敞的厨房，被烟尘熏黑的椽子，燃烧的木柴闪耀着红红的火光（在以木炭为主要燃料的城市中这是难得一见的），仆人们忙碌着各种家务。所有这些共同创造了一个安逸舒适的住宿环境。

当横穿北海道时，在从小樽市到室兰市的路途上，人们会遇到很多这种宽敞大气的客栈。它们荒芜清冷的外观与往昔华丽热闹的情景形成了巨大的反差。在当时，该地区的大名在大批武士

和其他随行人员
的陪同下，每年
都要前往首都朝
圣。在骏河国（今
静冈县中部地
区）的三岛市，
有一家奇特的老
客栈（图51）。
它的第二层从一
层的正面上方向
外凸出，其屋檐
探出的幅度也相
当大。

图51 位于骏河国三岛市的老客栈

　　在建筑的侧面，最显著的特征是巨大的封檐板，其下部的边
缘呈现出奇特的波浪状曲线造型。这可能是一种建筑装饰，也许
是为了遮挡大风和阳光。但是无论怎样，它都与这个古老的建筑
浑然一体、密不可分。在日本的中部和南部地区，这种第二层向
外伸出的建筑并不罕见。图52展示了乡村街道旁的一组房屋，这
条街道位于京都和奈良之间的长池村。其中最近处的房子是供旅
行者休息的地方。与其相邻的是一个蜡烛店，旅行者和人力车夫
可以在那里为自己的灯笼更换燃料。第三座房子是一个人力车站，
再远处是一个轻型木板结构的建筑，所有这些房屋都可以作为住
宅使用。

　　在鹿儿岛湾东海岸的大隅国（今鹿儿岛县东部地区）和萨摩
国（今鹿儿岛县西部地区），住宅都拥有巨大沉重的茅草屋顶，
支撑屋顶的墙壁十分低矮。这些沿岸的小村庄具有独特的风貌，

图 52 山城国长池村的乡村住宅

人们仅凭高大厚重的屋顶就可以辨别出这是何地。图 53 展现了从水面上看到该地区的村庄。图 54 展示了同一个村庄中的一组住宅，该村位于大隅国的海湾沿岸道路旁。从图中可以看到屋脊上覆盖了一层竹板，在屋脊的两端，也就是与屋顶的连接处放置了结实的竹垫或草垫，起到了保护的作用。图中还有一个新英格兰风格的井水提取装置，这种装置在日本的其他地区也很常见。由于水井位于屋檐下，因此提取装置的立柱从屋檐的一个圆洞中穿过。

图 53 大隅国的沿岸

图54 大隅国的农民住宅

还要提及的是渔民的住宅。这些房屋通常不过是抵御自然力的简陋庇护所而已，因此比农民的住宅更阴暗、更脏乱。但是在渔业较为兴旺的大城市附近，渔民的住宅完全可以与农民的住宅相媲美。图55所示的一组渔民小屋位于函馆市与主岛相连的沙滩边缘。图中高高的篱笆栅栏可以抵御某些季节时常刮起的暴风。图56展示了江之岛的一些渔民小屋，这里位于横滨以南不远的地方，是一个著名的度假胜地。这里的住宅要稍微宽敞、舒适一些，但大部分仍然很简陋而肮脏。在图中还可以看到渔民正在用巨大的篮筐将鱼从船上运往岸上。

在城市中，人们看不到棚屋和谷仓这样的附属建筑。但是在贵族阶级的住宅中，常会附带建造墙壁坚厚的防火仓库。当发生

图55 函馆的渔民小屋

图 56 江之岛的渔民住宅

图 57 东京的防火仓库

火险时，人们可以将货物和财物存放在其中。这种被西方人称为"山丘"的建筑通常拥有两层的高度，并开设了一两扇小窗和一扇大门，均由厚重的百叶窗封闭。一般情况下，这种建筑是与住宅分离的。有时它们也会被改造为住所。

图 57 展示的一组建筑就具有这样的特征，它们属于一位和蔼的古董商，里面存放了主人收藏的稀有古书、手稿、古画和其他古董。

图 58 复制于小山先生绘制的插画，展现了东京另外的一个防火仓库群，这些建筑中存放着陶器和绘画珍品。很多时候，在防火仓库

图 58 东京的防火仓库

的周围还建有轻型的木结构房屋，主人的家人在这种情况下就可以居住在这些防火仓库外部的寓所中。图 59 中的老宅位于函馆市的一个贫民居住区。中部是一个两层的防火仓库，其周围是扩建的住所，屋顶上铺着瓦片。一旦发生火灾，外围住宅里的物品将被迅速存放到防火仓库中，然后将其门窗关闭，并用泥浆把缝隙堵住。这些建筑往往会在大火之中幸存下来，而周围所有的木屋都会被大火吞噬。本书的其他部分还会进一步提到这些建筑。

图 59 函馆的老宅

辨屋顶识老宅

别具匠心、多种多样的日本住宅屋顶造型和结构几乎可以作为一个单独的部分，得到应有的尊重和研究。正是由于屋顶的原因，日本的住宅才呈现出新颖独特的外观。也正是这些屋顶，赋予了日本不同地区房屋的多样性。

精心建造的茅草屋顶拥有格外引人注目的线条比例，屋檐边缘的恰当修饰展现出极高的艺术品位和技艺。在日本的建筑中，山墙屋檐与侧檐的连接方式极为优雅，成为独具魅力的显著特征。通过这种方法可以将各种造型的山墙与主屋顶融为一体，即使最挑剔的建筑师也会对其赞羡不已。

茅草屋顶和泥瓦屋顶的精致结构，以及屋脊设计和结构的多样性表明，如果需要的话，日本建筑师在房屋外观的其他部分也会创造出如此别出心裁的设计。

日本的屋顶通常是木瓦、茅草或是砖瓦结构的。在这个国家，茅草屋顶最为常见，但是在大规模的村庄中经常会看到一些小型房屋采用了木瓦或者泥瓦屋顶。在更大的城镇中，泥瓦屋顶虽然占有较大的比例，但是木瓦屋顶也屡见不鲜。此外，虽然木瓦屋顶的造价要低于泥瓦屋顶，但是这并不意味着只有穷人的房子才会使用这种屋顶。

在郊外，甚至是城市的外围区域，茅草屋顶随处可见：这种情况可能表明该城市曾经一度扩张到古老的乡村区域，也可能说明房屋属于某位喜爱这种屋顶的绅士——他不仅喜爱这种屋顶具有的独特魅力，还喜欢它所散发的乡村生活气息。

屋顶通常采用四坡或者山墙造型。在茅草屋顶中，屋脊大梁

以下的部分直接呈现出山墙的造型，并与四坡屋顶融为一体。复折式屋顶在日本的住宅中从

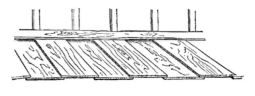

图 60 辅助屋顶

未出现过。在贫困阶级的住宅中，普遍采用的是单斜面屋顶。主建筑的扩建部分或者附属建筑一般也采用单斜面屋顶。在主屋顶的屋檐下方，经常会看到一种轻便、狭窄的辅助屋顶，用较宽的薄木板制成（图 60）。这种屋顶一般用于住宅的开放部分或者游廊处，以遮挡阳光和雨水。它由立在地面上的支柱支撑，或者由与建筑成直角的细长支架支撑。尽管这种结构看似弱不禁风，但是起到了真正的支撑作用。在大雪过后的城市中，人们可能会看到厚厚的积雪堆积在这种轻巧的屋顶上，却看不到被压塌的迹象。这会令我想起美国的类似屋顶结构在同样的压力下是何等的不堪，难道地心引力在不同的土地上也完全不同吗？

木瓦屋顶

建造木瓦屋顶时，首先要将轻便的木板钉在椽子上，然后再将木瓦密实地固定其上。这些极薄的木瓦都是独立的单片结构，大小与 8 开的图书封面大致相当，并且厚度均匀。它们被扎成一捆（图 61，A），每捆大约有 220 片木瓦。固定木瓦时使用的竹钉很像变细的鞋钉，木瓦工把一些竹钉衔在口中，能够快速准确地将木瓦固定，这种迅捷的工作方式与美国的同类工匠如出一辙。木瓦工的锤子有些怪异（图 61，B、C），锤头部分是一个方形的铁块，其粗糙的表面几乎与手柄齐平。在靠近手柄末端的下

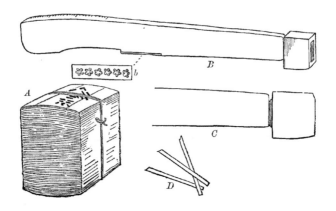

图 61 木瓦、竹钉和锤子

方，嵌入了一个带孔的黄铜条（图 61，b）。木瓦工握住手柄的同时将大拇指和食指放在铜条的一侧，然后用握住锤子的那只手从口中取出一枚竹钉，并用拇指和食指将竹钉紧靠在黄铜条上（图 62），随后用力将竹钉向下压入木瓦。通过上述操作，竹钉的一半已经进入木瓦，然后再用锤头斜向敲击，将竹钉外露的部分以弯曲的形式压在木瓦上，这个折弯的部分相当于我们美国木瓦钉的头部。由于竹子是含有纤维的坚韧材料，容易弯折，但是很难被折断。木瓦通过这种方式被固定在屋顶上。为了使木瓦铺设得整齐，锤柄上还标有用于测量的细微刻度。由于木瓦工可以用一只手调节木瓦的位置，同时用另一只手操作竹钉，所以这项工作很快就会完成。

　　仅凭这种叠盖方法还不能将木瓦牢牢地固定在屋顶上。实际上，人们经常会看到一些长长的窄竹

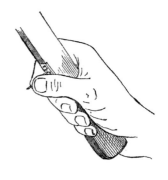

图 62 木瓦工的手

条被斜向钉在屋顶上，从屋脊大梁一直贯穿到屋檐（图63），这些竹条之间的距离大约为46厘米或60厘米。不过，即使增加了

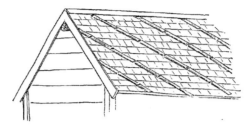

图63 木瓦屋顶上的竹条

这种固定措施，在暴风肆虐的时候，屋顶上的木瓦也会像秋风扫落叶一样被大风刮走。

在图64中，A展示了铺了一部分木瓦的屋顶，以及木瓦工挂在屋顶上的竹钉盒。竹钉盒内被分隔成两个部分，较大的部分盛放竹钉，较小的部分盛放用来固定木板和其他用途的铁钉。

还有一些其他的木瓦叠盖方法，可以使木瓦排列得更为紧密，并且要覆盖多层。这种方法常用于一些寺庙的屋顶，尤其是京都某些寺庙大门的顶部。那里的屋顶上覆盖着最薄的木瓦，一层层的木瓦紧密叠加在一起，厚度足有30厘米，并精妙地展现了屋顶优雅的轮廓。屋顶的边缘因此呈现出优美圆滑的线条，屋檐

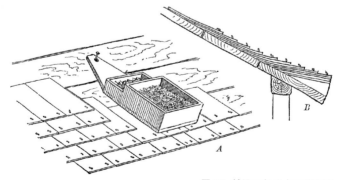

图64 铺设了部分木瓦的屋顶

的造型也更显简洁利落。一看到这些屋顶，人们便会想到茅草屋顶，前者似乎明显在模仿后者的风格。人们还以类似的方法对纹理丰富的棕色扁柏树树皮进行利用，其坚实耐用的根部也可以加以利用。在上乘的木瓦屋顶上，往往会在与屋檐平行的位置上固定一个楔形的木片，并将最前面的三四排木瓦钉在上面。然后再将其他木瓦片紧密地叠放在屋顶上，从而将较厚的木瓦层固定（图64，B）。

在木瓦屋顶上，屋脊的处理方式略有不同。两根狭长的盖缝木条被钉在屋脊之上，这样就可以实现接缝的密封功能，这与我们美国的木瓦屋顶是一样的。还有一个更为彻底的方法，就是将长度一致的细木板条直接钉在屋脊上，并与屋脊形成垂直的角度。这些极薄的木板条很容易弯曲，五六层这样的板条就以同样的方式固定在屋脊上。随后，为了使它

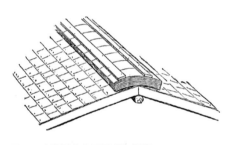

图 65 武藏国的木瓦屋顶和屋脊

们在屋顶上更为牢固，人们会将两根长长的窄木条或竹条钉在这些木板上，两根木条的方向与屋脊平行（图65）。

在城市中，木瓦屋顶是房屋结构中最危险的部分。因为木瓦片只不过是厚一些的刨花而已，在阳光的暴晒下会变得干燥，不仅容易弯曲和变形，只要落上一个火花就可能引发一场大火，火借风势可以蔓延数千米。因此，我认为有必要制定严格的法律，禁止城市和大型村庄使用这种屋顶材料。

　　屋顶的排水槽通常由纵向劈开的竹
筒构成，并把竹节内天然的隔断去掉。
然后用铁钩或者钉在椽子上的长木片将
它固定在屋檐上。这些木片的上部边缘
留有凹口，用来放置竹筒。这根排水管
伸向一个竖直的导水管，它也是用竹筒
制成的，竹节内的天然隔断同样也被去
掉。竹筒的上端经过切割后只留下四个
像长刺一样的竹片，其间托着一个用薄
木板制成的方锥形管道，这些弹性极强

图 66　雨水导管

的竹片把它紧紧地固定在相应的位置上（图 66）。

　　在游记类书籍中，人们经常会注意到东方国家使用竹子的方
法是丰富多样的，因此在这里提及任何有关竹子的话题都是多余
的。我只能说，这种奇妙的植物在日本经济中具有举足轻重的地位，
其重要性绝非夸大其词。对日本的民族特征研究越多，比如他们
的房屋、器具和无数其他的制品，西方人就会更加相信，他们宁
愿放弃欧洲国家使用的很多现代工具和装置，也不会抛弃随手可
得的竹子。

泥瓦屋顶

　　在屋顶铺设泥瓦时，首先要在屋顶的木板上粗略地覆盖一层
薄木瓦，然后在这个表面涂上一层厚厚的泥浆，最后将瓦片牢固
地镶嵌到这层泥浆中。这些泥浆一般来自水渠、护城河，或者运
河的河道。在城市中，常会看到人们为此从深深的临街水渠中挖
取淤泥。挖出的泥浆要使用锄头和铁锹进行搅拌，直到其成为黏

稠的一团为止。人们没有使用灰浆桶将这些泥浆运送到屋顶，而是把它们加工成大块之后，一块块地扔给站在脚手架或者梯子上的人，然后这个人再将泥块掷给屋顶上的工匠。如果屋顶很高，还要增加传递的人数。泥浆块被运送到屋顶之后，工匠们会将其均匀地铺开，形成厚厚的泥浆层，随后，瓦匠们将瓦片一排排地嵌入其中。这个泥浆底层似乎对瓦片没有特强的黏附力，大风常常对这种屋顶造成巨大的破坏。不过在发生大火需要拆除一些挡道的建筑时，消防员就可以毫不费力地将瓦片从屋顶上快速地铲掉。

　　屋脊大梁往往呈现出威严壮观的气势，这是因为方形的屋脊上堆砌了漂亮的瓦片和灰泥，并与各种装饰元素巧妙地结合在一起。在一个四坡屋顶上，四个屋脊上都连续覆盖着厚重的瓦片层，形成了巨大的方形屋顶肋脊。在巨大的防火仓库中，屋脊可能达到1米多高。白色的灰泥在这样的屋脊上得到了自由运用，不仅可以用作黏合剂，还可以被艺术家们当作一种表达媒介，以高浮雕的形式在上面创作出风格各异的艺术作品。在日本，最受欢迎的创作主题之一就是汹涌澎湃的海浪。这些作品展现了极高的艺术价值和精湛的技艺，虽然它们的表达形式自由奔放，但是总体上仍然属于传统风格。当然，对于屋顶来说，这种浮雕似乎可以称之为非凡杰出的设计，因为它们让原本显得头重脚轻的屋顶展现出轻盈靓丽的风采。图67展示了这种屋脊的外观，从这种常见的设计图案可以看出，采用这种以水为主的设计主题可能是出于某种情感或者迷信的心理，从而暗示出防火的愿望和重要性。无论是否如此，人们在乡村的茅草屋顶上也经常会注意到深深刻在屋脊顶端的黑色"水"字（图82）。据我所知，这种习俗源自于一种五行学说——即水能克火。

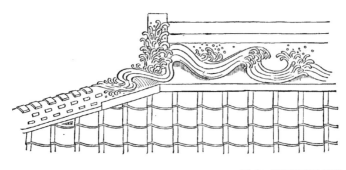

图 67 泥瓦屋顶的屋脊

　　用瓦片平铺的屋脊总是以一些高高叠在一起的瓦片为末端，这些瓦片是为此专门设计的。沿着四坡屋顶的屋脊或者山墙屋顶的边缘，更小的屋顶肋脊向下延伸至屋檐，其顶部也铺着瓦片，其末端通常是带有高浮雕的装饰性瓦片（也叫鬼瓦）。上面的装饰设计常常是一些面具、魔鬼的头像或者一些类似的造型。在更巨大的屋脊上，半圆柱型或者其他形状的瓦片以各种传统的图案排列，呈现出非凡的独创性和艺术性。图 68、69、70 分别展现了一些这样的设计，都是日本压顶瓦片的典型设计。

　　很多看上去很沉重的屋脊其实只是一种假象，其主体只是涂上灰泥的木架结构，外观看上去却犹如瓦片和灰泥构成的实体结构。屋檐边缘的瓦片是专门设计的，具有特定的功能。虽然它们在形状上与普通的瓦片并无二致，但是它们的末端却向下折成直角，并带有一些传统的装饰设计。图 71 展示了这种造型的瓦片。在长长的镶板上，常会见到花饰或者传统卷轴的浮雕图案。在圆形的部分，通常会带有家印或家徽，但德川家族的家徽却很少出现在瓦片上。

　　在贵族阶级的泥瓦屋顶中，位于屋檐附近的几排瓦片之间的

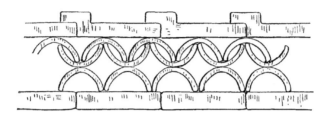

图 68 装饰性的压顶瓦片

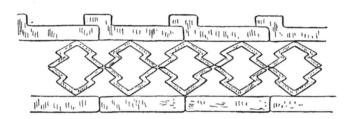

图 69 装饰性的压顶瓦片

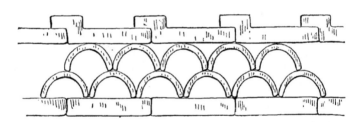

图 70 装饰性的压顶瓦片

接缝处常常涂抹着白色的砂浆，在靠近屋脊处的瓦片上也是如此。有时候，甚至整个屋顶都以这种方式进行处理。在帕西瓦尔·罗威尔先生拍摄的一些韩国住宅照片中，可以看到位于屋顶边缘的几排瓦片也同样使用了白色灰泥密封接缝的方法。

一位日本朋友曾经自豪地告诉我，他刚刚建好的住宅使用了有 40 年历史的瓦片。这才使我注意到，瓦片越旧，越适合屋顶之用。因此，在日本，二手瓦片总是供不应求。新出产的瓦片具有很多气孔，具有很强的吸附性。人们认为它们不如那些历经岁月的瓦片好，因为后者的细缝和气孔已经被灰尘填满，成为更好的防水材料。

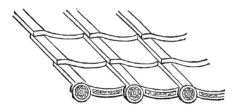

图 71 泥瓦屋顶的房檐

在日本的不同地区，瓦片的形状也有所不同。在长崎地区常用的瓦片与中国、韩国、新加坡和欧洲的瓦片造型相似（图72，A）。这些瓦片

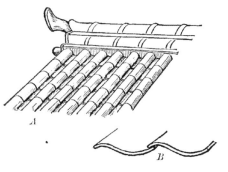

图 72 长崎的泥瓦屋顶

的表面呈现一定的弧度，铺放的时候凸面朝下。另一种瓦片的形状更窄，截面呈半圆柱型，铺放的时候凸面朝上，将下面一排瓦片之间的接缝盖住。这显然是东方最古老的瓦片造型，在日本被称作本瓦（图73）。在东京最常使用的瓦片叫作江户瓦，如图74所示。使用这种瓦片，就不需要凸面向上的瓦片，因为这种瓦片

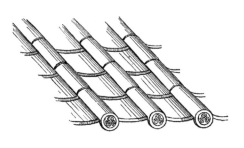

图 73 本瓦

的铺放方式是叠放在相邻瓦片的边缘。图74显示的是采用江户瓦片的屋檐，屋檐缘部分的瓦片与图71中的瓦片在形状上有所不同。在日本

图 74 铺有江户瓦的屋檐

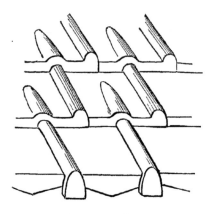

图 75 铺有法式瓦片的屋檐

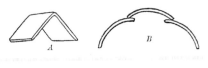

图 76 石见国的屋脊瓦片

的南部等地区，可以见到这种瓦片的改良形式（图72，B）。

最近几年，东京地区引入了一种被称为法式瓦片的新型瓦片（图75）。但是，这种瓦片并不常用，我记得只有极少数的建筑在屋顶上采用了这种瓦片。这些建筑分别是位于邮局附近的三菱轮船公司的仓库，上野艺术博物馆后面的一栋建筑以及一些私人住宅。

还有一些为特殊用途制造的异形瓦片。例如在石见国（今岛根县西部），有一种形状犹如屋顶的瓦片，专门用来覆盖茅草屋顶的屋脊（图76，A）。本瓦也可用于相同的目的（图76，B）。

在该地区，瓦片都是经过上釉处理的——普通的瓦片覆盖着棕色的釉面，而最好的瓦片则拥有铁砂釉面。人们在挖掘上野公园图书馆地基的过程中，发现了大量的釉面瓦片。据考证，这些瓦片出产于两百多年前的备前国（今冈山县东南部及兵库县赤穗市的一部分），它们都是本瓦的样式。

石屋顶

在下野国（今栃木县）及其邻近地区，人们还发现了石头建造的防火仓库，这些建筑的屋顶通常也采用相同的石材建造。这些石头是浅灰色的火山凝灰岩，易于加工制造。覆盖在屋顶上的石板被加工成特定的形状，从而使连续叠放的石板可以互相锁紧，看起来非常坚固结实。图 77 是一座位于通往日光市主干路旁的一栋建筑屋顶的局部。一位韩国朋友曾经告诉我，在韩国的北部也可以见到这样的石头屋顶，但是否也采用这种排列形式尚未可知。

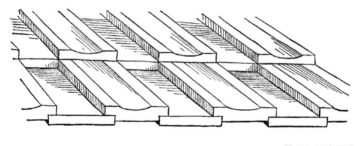

图 77 石头屋顶

茅草屋顶

迄今为止，茅草屋顶是日本城市以外地区最常见的屋顶形式。这些屋顶的坡度变化不大，但是在屋脊的设计和结构方面却千差万别。在东京以南，每个地区的屋脊都独具特色。至少，当善于观察的旅行者从一个地区来到另一个地区时，会被新颖的屋脊造型深深吸引。虽然这种造型在其他地区也会偶然遇见，但是显然是该地区的基本特色。这也许是由于封建时代各个地区相对隔绝的统治方式造成的。也许是出于同样的原因，各地的陶器和其他物品也有着很大的差异。

茅草屋顶也采用了各种建造材料。最普通的茅草屋顶采用的是稻草，好一些的屋顶则采用一种被称为"Kaya"的草。此外，一种叫作"yoshi"的芦苇以及某些品种的灯芯草也可以用作屋顶材料。铺放茅草之前，屋顶并不需要任何特殊的准备工作。只需将椽子和框架足够紧密地结合在一起，确保可以固定和支撑茅草即可。如果屋顶很小，使用竹制的框架结构就足以满足铺草的需求。

适当数量和质量的茅草铺在屋顶之后，还要通过手指进行梳理，使所有的茅草都顺着一个方向伸展。然后，使用一些竹竿（图78，A）将这些茅草紧压在下方的椽子上，随后再将这些竹竿移走。在进行这项工作的同时，要使用一种形状特别的木槌（图78，B）不断敲击茅草。最后，还要使用长柄剪刀（图78，C）将茅草屋顶修剪成型。这种剪刀类似于美国人用来修剪草坪的剪刀。

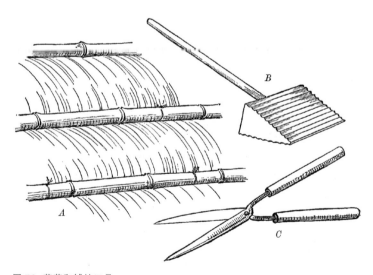

图78 茅草和铺放工具

这只是最简单的茅草铺放过程，无疑还有很多其他我们没有见过的铺放方法。不过，毋庸多言的是，完成后的茅草屋顶一定要呈现出清洁、整齐和对称的外观。鉴于这些材料的特性，要做到这些简直是令人称奇的壮举。被修剪成方形或者略呈圆形的屋檐通常很厚，有时可以达到 60 厘米以上。然而，这并不是说所有部位的茅草厚度都是一样的。人们可以在屋顶的截面上看到以不同方式修剪的茅草，并会注意到它们层次连续、深浅分明。我没有弄清楚的是，新旧茅草的搭配使用是否出于经济方面的考虑，或者它们根本就是不同种类的茅草。

在老旧的屋顶上，密集的茅草还掺杂着大量的煤灰和尘土，因此维修这种屋顶的工匠常常会弄得满脸煤灰，像是运煤工人。虽然在屋顶上均匀铺放茅草需要极高的技巧和耐心，但是要完成屋脊却需要更高的技艺，因为屋脊的结构极其复杂。这些独特的屋脊有很多优秀的样例，对于这样的屋脊，用图画来表现其外观远比文字描述更为直观可信。

在日本，东京以北地区的屋脊与南部地区的屋脊相比，在结构上更为简单。这里的屋顶虽然很大，但是除了少数的特例之外，普遍缺乏艺术特色，在外观和造型上也没有太多变化，而这些特点在南方茅草屋顶的屋脊上却是屡见不鲜。在多数情况下，屋脊是平坦的，可以支持鸢尾花和红百合旺盛生长（图 41）。最令人惊叹的是，在一个色调沉闷、气氛忧郁的村庄里，所有的屋脊上居然都盛开着艳丽的百合花。在更南方的地区，尤其是靠近东京的地方，蓝色和白色的鸢尾花会在屋脊上绽放，这些鲜花的色彩更为纯净，在屋顶上构成一种超凡脱俗之美。

在某些情况下，人们可以看到真正的屋脊大梁，它们的两端探出山墙之外，并缓缓向上翘起（图 39）。对于屋脊大梁、大门以及其他结构中的横梁的末端，这种处理方式显然借鉴了鸟居（牌坊）的某些形式，体现了日本建筑的共同特征，有效地使原本沉重而平庸的外观显得轻盈明快起来。

图 79 磐城国藤田的屋顶端

在磐城国（今福岛县东半部与宫城县南部）的藤田等地，经常会见到一种屋顶，屋脊大梁的两端呈圆形，并穿透茅草突出于山墙的顶部之外。在山墙的顶部，有一块扁平的木板从屋脊向上凸起，一个由木板制成的黑色结构以垂直的角度附着在其上，这个结构突出于山墙的距离在 60 厘米以上。这似乎只是外部屋脊大梁的一段残存部分（图 79），并按照习俗保留下来。不过，从外观上脆弱的连接方式来看，它显得有些弱不禁风，在狂风骤起的时候只能听天由命了。在仙台以南的地区，由瓦片构成的屋脊颇为常见，在东京的附近更是司空见惯。这种屋脊的构造非常简单而有效，半圆柱形的瓦片或者更宽的本瓦被用于建造屋脊，同时将屋脊两侧分别以一排类似的瓦片盖住（图 80）。这些瓦片似乎镶嵌在一层由黏土或泥浆和碎草组成的混合物中，混合物事先堆在茅草屋顶的屋脊上。在某些情况下，会使用一根大型的竹竿将较低一排的瓦片固定在恰当的位置（图 81）。还有一些其他方法可以固定瓦片，虽然我并不了解这些方法，但是它们一定是相当稳固的，因为即使在年久失修的屋顶上，也很难见到出现错位的瓦片。

在武藏及其周边地区，人们经常会见到一种外观整洁、持久耐用的屋脊（图82）。这种屋脊比较宽阔，并呈圆形。屋脊上首先覆盖了一层小竹片，然后再用弯曲的竹板或者树皮以很小的间隔覆盖在屋脊上，并在与屋脊平行的方向上，每隔一定距离用长长的竹条或者整根的竹子将它们固定在相应的位置上，所有这些材料都牢牢地绑缚在茅草上。在某些情况下，位于最外层的竹子可以形成一个连续的层面。在屋脊两端的截面上，大量突出的茅草被垂直切割后显得非常平整。截面的边缘仿佛念珠串，呈现出圆滑的轮廓，加上紧密绑缚在一起的竹子，屋脊端部截面的边缘看上去就像一个厚厚的篮筐边缘。这种屋脊一定要以工匠精神和精湛的技艺才能完成。正是在这种屋脊的端部截面上，人们常常会看到"水"这个汉字，其寓意我在前面已经提到过。

当屋顶的端部没有开设排烟的窗口时，这种屋顶应该属于四坡屋顶的一种。在北方地区，人们在屋脊上或者屋顶的侧面以各种各样的方式建造排烟口。关于这种窗口的建造方法可以参考图39、40、41。

正如在图44中所看到的，北方地区的排烟口的确都开设在屋顶的端部。在东京以南的地区，茅草屋顶上的排烟口都是三角形的，其中一些体现了建筑师和建设者们的精心研究和高超技艺。有时候，人们会看到一堵额外的山墙结构，上面设有三角形的窗口（图83）。图中的住宅位于东京附近，属于一位绅士，堪称武藏地区造型最美的茅草屋顶，这些三角形的窗口通常都由木制的格栅提供保护。图84展现的则是另一种古老的屋顶类型。这些屋顶具有山墙和四坡屋顶的双重特点——窗口位于山墙部分，从山墙的底部向上纵贯了四坡屋顶的整个斜坡。

对屋檐和山墙边缘的茅草进行适当的对称性修剪是至关重要

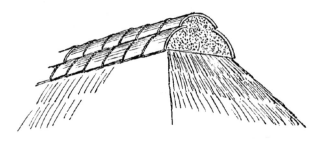

图 80 磐城国茅草屋顶的瓦片屋脊

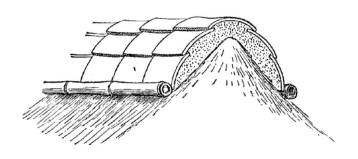

图 81 武藏国茅草屋顶的瓦片屋脊

图 82 武藏国茅草屋顶的竹屋脊

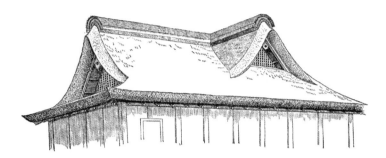

图 83 附加了一个山墙结构的茅草屋顶

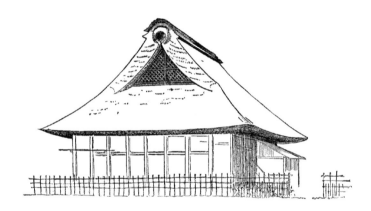

图 84 东京附近某住宅的茅草屋顶

的。参考图 83 和 84，也许可以觅得这些巧妙方法的一些端倪。通常，在山墙的顶部有一个类似圆锥体的结构，其顶部有一个圆形的凹陷，这种奇怪的造型是用茅草塑造成的。厚实的屋檐边缘也体现了工匠们的精湛技艺，这些优美的曲线使屋顶的不同层面看上去协调一致。这种屋檐的修剪效果可以参见图 39。

在武藏国地区，有一种屋脊非常罕见，其上有一段外部的屋脊大梁，很像鸟居（牌坊）上部的横梁。这根横梁的纵向厚度是横向厚度的两到三倍，一些呈 X 形的木制构件以很小的间距放置在横梁的上面，这些构件的下部搭在屋顶的斜坡上，上部则伸出屋脊大梁的上方。在屋脊上放置 X 形木梁的位置上铺垫了树皮，此外在与屋脊平行的位置上还固定了一些竹竿，这些 X 形的木梁就搭放并固定在其上（图 45）。

这种屋脊造型在日本南部的一些地区发生了改变。在伊势国的神山，有一座奇妙的神道教神社（伊势神宫），据说模仿了很古老的屋顶类型。山墙端部的椽子一直贯穿屋顶，并在屋脊的上方伸出很远的距离。有趣的是，在新加坡附近一些马来人的住宅中也能看到几乎完全相同的特征。在武藏国以及更往南的地区，我们还可以见到一种结构复杂的屋脊——整个屋脊构成了一个辅助屋顶，厚厚的边缘被修剪得非常齐整，整个外观犹如一个独立建造的小屋顶，并像马鞍一样被安放在大屋顶之上。这种风格的屋顶有很多改进的版本，在山城国（今京都府南部地区）、三河国（今爱知县东部地区）以及邻近的地区较为常见。图 85 展示了这种结构复杂的屋顶，该图是在东京以西 80 千米的龟山村绘制的。在这个屋脊中，辅助屋顶的外观更显突出，与屋顶本身的横梁相平行。这

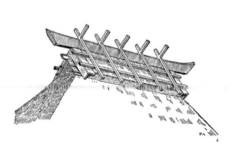

图 85 武藏地区龟山的茅草屋顶

种屋顶的外观看上去颇为新奇和坚固，其风格来源于寺庙建筑。

在尾身国（今滋贺县），有一种常见的简单屋脊造型。这种屋脊由不到 1 米长的薄木板构成，这些木板固定在屋顶每侧的斜坡上，并与屋脊的方向垂直。这些木板通过一些长木条固定，其

中两根长木条横贯于屋脊的顶部，另一根则横向固定于每侧木板的底部边缘（图86）。在尾身国和尾张国（今爱知县西部地区），常常会见到瓦片屋脊，其中一些屋脊是木材和瓦片构成的复合结构。在根岸的高槻村，一种奇特的屋脊非常盛行。这种屋脊十分陡峭，上面覆盖着紧密的竹垫。沿着屋脊的方向，每隔一定的间距就会出现一些瓦片，像马鞍一样覆盖在屋脊之上（图87）。

还有一种别致的屋脊出现在三河国，这是一种四坡屋顶，其屋脊形同一个屋顶，拥有陡峭的斜坡和修剪整齐的屋檐。在屋脊部分，褐色的树皮条带横跨在屋脊上，两边搭在屋脊的斜坡上，一些与屋脊平行的竹竿压在这些树皮之上。在这些竹竿的上面，是一种半圆柱形的马鞍状结构，有时上面还会包裹着树皮。这些马鞍状结构横跨在屋脊之上，彼此之间的距离为90~120厘米。图88展示的屋顶上有三个这样的马鞍状结构，这也是最常见的数量。这些马鞍状结构被牢牢地固定在屋顶上，它们的顶部还放置着一根长长的竹竿，并

图86 尾身国的茅草屋顶和屋脊

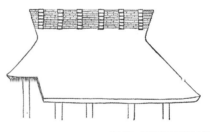

图87 尾张国高槻村的茅草屋顶和竹屋脊

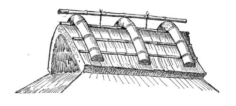

图88 三河国的茅草屋顶和屋脊

用黑色的麻绳绑定在马鞍状结构之间的屋脊上。屋脊山墙的端部
有一个排烟窗口，从窗口顶部垂下的草帘将其遮蔽起来。这个草
帘在形状和外观上与日本的蓑衣极为相似。屋内的烟尘可以从草
帘过滤而出，但是雨水却被挡在草帘之外。

　　在其他地区也可以见到与此类似的屋顶构造。在京都的郊外，
有一种模仿了类似设计的屋顶和屋脊造型。在这种结构中，辅助
屋顶的定义更为清晰，屋檐的每一个顶角都略微向上翘起，如同
寺庙的屋顶。更确切地说，主屋顶是一个四坡屋顶，其上还建有
一个低矮的小屋顶，其造型为山墙形式。在这个小屋顶的顶端，
是一系列茅草做成的马鞍状结构，它们似乎是一种独立的结构。

图 89 京都的茅草屋顶和屋脊

在它们的下面是一些
横贯屋顶的竹竿，穿
过了所有厚而窄的马
鞍状结构，这些茅草
做成的结构还包裹着
树皮。在屋顶的最上
方，有一根用绳子紧
缚在屋脊上的长竹竿
（图 89）。这些屋顶
拥有宽厚的屋檐，深
陷的排烟口上安装了
厚重的窗栅，加上色
调温暖的褐色茅草，

图 90 三河国的茅草屋顶和屋脊

与周围穷人住宅的单薄木瓦屋顶形成了鲜明的对比。

　　三河地区的另一种屋顶结构极为简单朴实，如图 90 所示。在
这里，形如屋顶的屋脊上连续覆盖着大型的竹筒，位于端部的橡

子穿过茅草屋顶后一直
向上突出于屋脊之上。

在纪伊国（今歌山
县及三重县南部）和大
和国（今奈良县），屋
脊的造型普遍比较简单。

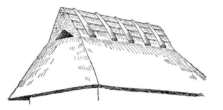

图 91 纪伊国的茅草屋顶和屋脊

一种在纪伊国常见的屋脊比屋顶本身更为陡峭，其上覆盖着树皮。
这些树皮用一些平行放置的竹条或整根竹竿固定。在屋脊上，每
隔一定的距离都安置着一个用茅草制成并裹着树皮的马鞍状结构，
这些结构与屋脊接触的部位十分狭窄，但是在末端却变得很宽。
屋顶上有一个很小的三角形排烟口（图 91）。

在大和地区有两种常见的屋顶结构。其中一种是山墙屋顶，
端墙上涂抹了灰泥和黏土以及切碎的稻草。端墙高出屋顶 30 多厘
米，顶部覆盖了一排瓦片（图 92）。在另一种屋顶结构中，有着
相似的屋脊。屋顶斜坡上厚厚的茅草经过修剪后呈现出层次分明
的效果，像层层叠盖的木瓦一样。每层之间的距离为 46~60 厘米，

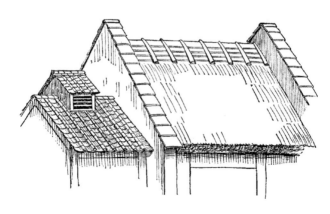

图 92 大和国的茅草屋顶

边缘部分较厚。有趣的是，我发现这种独特的屋顶茅草处理方式在古代大和国地区就已存在，而且与北海道的某些住宅屋顶极为相似。

在三河国和骏河国（今静冈县中部地区），有一种屋脊有别于日本任何其他地方的屋脊。那里的屋脊十分巨大，并且棱角分明。在茅草之上，从屋脊大梁直到屋顶斜坡的半高部位都覆盖着竹竿，这些竹竿并排放置，与屋脊平行。在这层竹竿的上面，跨放着一些用树皮制成的马鞍状结构，彼此之间的距离接近 60 厘米，其长度在 30 厘米以上，一直延伸到主屋顶。

在屋脊的每侧，各有两根与屋脊平行的粗大竹竿压在这些马鞍状结构上，并用绳子牢牢地绑紧。在尖锐的屋顶上，放置着一根长长的圆形屋脊大梁。这根大梁是通过弯成轭状的宽竹条固定的，这些竹条的形状很像一把方糖夹子，横跨过大梁后斜向插入茅草中，这些竹条以成对交叉的形式放置在树皮制成的马鞍状结构之间。屋脊的两端，是两个合在一起的竹轭。图 93 展示的这种屋顶手绘图，可

图 93 三河省国的茅草屋顶

以帮助读者清晰地了解它的外观和结构，这比任何文字说明都更为有效。这种风格的屋顶不仅与众不同，而且看上去非常结实耐用。

在伊势国一些地区，人们会看到一种造型简单的屋顶（图94）。它的起脊屋顶很低，上面覆盖着树皮，并用一些竹竿压在

上面起到固定作用。山墙一侧的茅草也覆盖了树皮，从而形成了装饰性的山墙边缘。

图 94 伊势国的茅草屋顶

在鹿儿岛湾东侧的大隅，建筑物的垂直墙壁都非常低矮，但支撑着庞大而沉重的茅草屋顶。这些屋顶比北方地区的屋顶要陡峭一些，它们宽大的屋脊明显呈现出圆滑的造型。屋脊的末端装饰着一个较宽的竹垫，而这个竹垫在屋脊上也起到了固定的作用（图 54）。

毫无疑问，还有很多其他形式的茅草屋顶，但可以相信的是，我们给出的实例都是具有代表性的主流类型。当西方人逐渐熟悉新颖多样的日本屋顶和屋脊之后，一定会想：为什么我们自己国家的建筑师没有将他们的品位和独创性运用到屋顶和房屋的立面上？为什么我们的木屋总是用两根狭窄的密封条作为屋脊？为什么我们的屋顶总是显得那样僵硬、呆板？当然，美国严酷的气候条件也许可以作为一种借口。因为人们在圣约翰河的上游地区，以及缅因州的北部常会看到法裔加拿大人的木屋，它们的屋顶向四周延伸，而屋檐则优雅地向上翘起。与新英格兰地区僵硬死板的屋顶造型相比，这些屋顶显得更加优雅别致。

令人感到奇怪的是，人们在美国建造住宅时居然没有想到采用茅草屋顶。在我们的建筑历史中，曾经出现过无数次风格回归现象，如果茅草屋顶能够再次回归并流行，必定会为我们的景观风貌添姿增色。茅草屋顶不仅造型新奇、温暖宜人，还能有效地遮风挡雨。在日本，一个普通的茅草屋顶的良好状态可以保持

15~20 年。我还听说过，最好的茅草屋顶可以维持 50 年的使用寿命，这听上去似乎有些不可思议。由于天气的原因，这些茅草屋顶经常需要修补和维护，最终需要进行彻底的更新。老旧的屋顶上会布满灰尘，颜色逐渐变暗并被压实。天长日久后，上面会生长出各种植物、杂草和苔藓以及大片的灰色地衣。正如人们所期待的那样，如果屋顶建造得当，这些植物很快会起到防水的作用，使屋顶免于被雨水浸泡。

在拥有茅草屋顶的贵族阶级住宅中，屋檐下面 60 厘米左右宽的地面上一般会铺放着小鹅卵石，用以收集屋顶的滴水。因为在茅草屋顶上很难安置和调整各类排水槽和雨水导管。图 95 展示了这种住宅周围铺放卵石的区域，其屋顶结构可参见图 85。

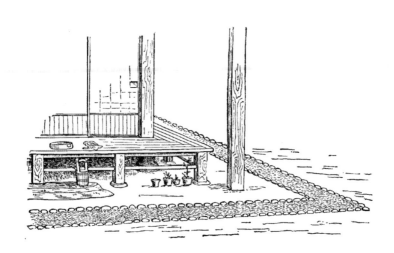

图 95 茅草屋顶的屋檐下铺有卵石的区域

第二章

探秘老宅内部空间

走进日式老宅

日本住宅的室内结构非常简单，这与我们在该国所熟悉和习惯的任何事物的内部细节和布局都完全不同，很难找到准确的专业词汇进行对比。的确，如果没有插图的帮助，读者对日本住宅室内的情况，尤其是各种细节就不可能有一个清晰的概念。因此，我将通过各种插图的帮助，让文字描述更为直观。

当人们踏入日本住宅时，产生的第一印象就是房间狭小、举架很低。在很多情况下，人们甚至举手就可以触摸到低矮的天花板。当人们从一个房间进入另一个房间时，头很容易碰到门楣。人们还会注意到随处可见的建筑构造特点——粗壮的木柱、支架、横向拉杆，等等。除了床之间和最好的房间内的壁龛之外，所有的房间都是方方正正的，基本没有任何凹凸的空间结构。壁龛的深度为 60~90 厘米不等，这主要取决于房间的大小。此外，这些壁龛几乎总是位于房间的一侧，也就是与游廊成直角相交的一侧（图 96），或者位于二层与阳台成直角相交的一侧。壁龛之间是通过轻便的隔断墙分隔的，可以形成部分封闭或者全封闭的空间。壁龛的地板略微高出主地面榻榻米，上面摆放着花瓶或其他饰物。相邻的壁龛通常是一个小壁橱或者橱柜，并采用滑动拉门进行封闭。壁龛上方会有一两个搁物架，在靠近天花板的地方还有一个较长的搁物架，所有这些均由滑动拉门封闭。

在第一章中关于日本住宅构造的论述中，我曾提到了用来分隔房间的可移动隔断墙，它们由轻型的木制框架构成，并在上面糊上窗纸。这些隔断墙的高度约为 1.8 米，宽度在 0.9 米左右。正如我们前面所说的，住宅的框架布局重点参考了推拉屏风的位置，以及地面上覆盖的榻榻米数量。

在房间的每一个角落里都有一根方形的立柱，在天花板上方46~60厘米的距离之间，横梁跨越这些立柱的顶端。这些横梁的底部开设了凹槽，推拉屏风可以运行于其间。不仅房间之间的大部分隔断墙是由这种推拉屏风构成的，就连室外的隔断墙也大多是用这种轻便的可调节装置构成的。一个住宅可能会拥有三四个一字排开的房间。在房间的角落里，一些必要的立柱支撑着屋顶，这些立柱同时还标志着房间之间的分隔位置。屏风的外侧糊着白色的窗纸，当关闭的时候，进入室内的自然光线经过漫射和反射后变得更加柔和。这些屏风可以被快速拆掉，整个住宅的正面便完全敞开，使更多的空气和阳光进入室内。房间之间的屏风上糊着厚窗纸，这些窗纸可能是普通的白纸，也许会用一些素描或者精心绘制的图画进行装饰。

整座住宅一般没有平开门，人们只能偶尔在其他结构看到一些。人们还会注意到这里没有涂饰任何的色彩、清漆和油漆，或

图96 乡村住宅的客房

者填充物，这种做法在美国会让住宅有失体面，于是我们会荒唐地用油漆把纹理优美的木制表面覆盖，然后再用刷子和梳子在上面尽力划出一系列模仿自然的线条。而日本人绝对不会犯下如此荒唐的错误，相反，他们的木料会保持原木的本色，表面光洁细滑，只是在一些适当和必要的部位才进行抛光处理。有时候，原木表面的某些部分会得到保留，比如树皮。无论何时，日本的工匠都会乐此不疲地保留一些自然的韵味。他们一定会利用木材所有奇妙的特点：某些真菌生长的影响可能会让竹子产生怪异的效果；一些甲虫的幼卵有时会在树皮下的表面上留下蜿蜒的痕迹；还有一些树结或树瘤。在装修房间时，他们从不会错过木料的这些特点。

老宅的平面布局

在进一步探讨这些房间的细节之前，我们先仔细观察一下几幅住宅的平面图，它们都是从建筑师绘制的图纸中直接复制而来的。第一幅平面图（图 97）是为几年前在东京建造的一栋住宅绘制的，笔者曾经在这所住宅内度过了愉快的时光。主宅的长度为 9.4 米，宽度为 6.4 米。在图中，实心的黑色方块表示支撑着屋顶的较为坚固的竖杆。实心的黑色圆圈代表着屋顶的支撑结构。用密集的平行线条标记的区域显示了游廊所在位置，而双平行线则代表着推拉屏风。实心的黑色线条表示了永久性的隔断墙。厨房等附属设施也用平行线表示，但是这些线条比表示游廊区域的平行线条要稀疏一些。在用斜线标记的区域内，木板都朝向中部的排水管道铺放，这部分的地面略微低于平均的地面高度。这一区域还有巨大的陶制水罐或木制浴盆。溅在地面上的水可以通过排水管

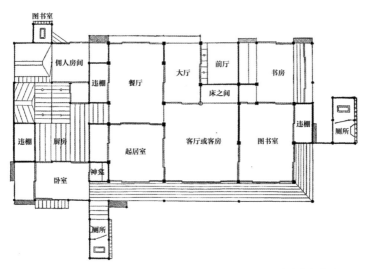

图97 东京住宅的平面图

道流到室外。在住宅的外面，有一些用阴影标记的小型区域，那里是一些壁橱或者贮藏室，其内部安装了防风百叶窗或木制百叶窗，这些百叶窗在白天打开，在夜晚关闭。这栋住宅包括1个玄关、1个大厅、7个房间（不包括厨房）和9个壁橱。如果按照我们的命名习惯，可以将这些房间分别称作：书房、图书室、客厅、起居室、餐厅、卧室、佣人房间和厨房。任何房间内都没有类似床架这样的家具，因为卧床是由棉被和柔软的榻榻米临时组合而成的。显然，这种卧床可以随意摆放在任何房间内。由于没有任何家具，地面更显得开阔畅通，在需要的时候，整个地面都可以铺上床垫和铺盖。当房主要招待一群不期而至的客人过夜时，这无疑提供了极大的便利条件。在白天，某些壁橱会专门用来收放被褥。

值得注意的是，这所住宅没有仓房、木棚和附属建筑，也没有地窖，西方人一定会感到好奇——他们的燃料存放在哪里？实际上，厨房某些区域的地板块是可以移开的，这些特殊的地板块的边缘处刻有凹槽，人们可以用手指将它们一块接一块地提起并移开。在它们的下方是一个很大的空间，木柴和木炭就存放在里面。在玄关的泥土地面上，有一块覆盖着木板的狭小区域，这些木板也可以用同样的方式被提起，木屐和雨伞都存放在下面隐秘的空间内。在中产阶级住宅的大厅内也经常可以见到这种存放物品的空间结构。但是据我所知，在富人的住宅里却没有这样的贮藏空间。

在这栋住宅内，餐厅和图书室都是拥有 6 块榻榻米的房间，客厅是一个 8 块榻榻米的房间，起居室内铺放了 4.5 块榻榻米。也就是说，每个房间的榻榻米数量取决于房间的面积。图书室、客厅和起居室这三个房间都位于游廊的一侧。

这所住宅造价低廉，由于住宅内的主要陈设就是这些榻榻米，所以几乎不需要任何其他的家务和管理工作。

令人难以置信的是，要建造一座适合四五口人居住的舒适住宅，同时提供少量物美价廉的必需物品，花的钱还要少于图 97 中的住宅。在提到这种中档住宅和陈设时，读者一定会认为生活会受到房间不足或者缺乏必要家具的制约。但是事实却刚好相反，居住于此的人过着相当舒适、惬意的生活。他们的物质需求不多，拥有简朴、高雅的生活品味。他们的生活无需丝毫的炫耀和虚伪的排场，更不会因此陷入可怕的债务危机。而在美国，购置地毯、窗帘、家具、银器、餐盘等巨大开销常常使年轻家庭苦不堪言，甚至严重影响了婚姻的稳定。不过，幸运的日本人对这类社会悲剧一定知之甚少。

这所住宅的外观虽然简单，但是丰富的房间布局却足以与美国的住宅相媲美。和美国一样，日本也有很多廉价住宅。这种住宅的房间往往是按照一定的顺序彼此相连，但是如果我们稍加留意，就会发现它们不仅布局的变化丰富多样，房间中的装饰性陈设也同样多姿多彩。

图 98 所示的平面图来自图 36、37 中的住宅，其细节与上一幅平面图基本一样。这栋住宅的一层除了厨房、大厅和浴室之外还设有 7 个房间。与图 97 的平面图一样，间距较宽的平行线表示厨房和浴室的区域，其中斜向的平行线表示浴室或者卫生间。

这所住宅的主人经常邀请我去做客。在享受那里舒适的榻榻米和安静的氛围时，我常会好奇地想：如果一个人忽然间从自己的家中来到这所风格古朴、幽静怡人的住宅时，会产生怎样的印象？人们首先会注意到房间内空空荡荡，随后会发现着色的墙壁与各种木饰结合得完美而和谐。错落有致的屏风上装饰着奇妙的水墨画，窗纸上绘有传统的装饰设计图案，这种柔和与无形的魅

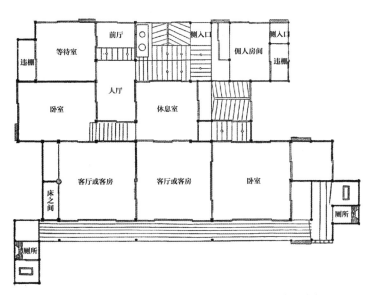

图 98 东京某住宅的平面图

力一定会吸引人们去感知它们的本质特性。房间的地板上随处都覆盖着干净、舒适的榻榻米，天花板是用天然的木料制成的，装饰性结构在房间内更是比比皆是。传统的壁龛内容纳了壁橱和货架，与房间宽度相同的门楣上带有精美别致的格栅或雕刻装饰——这一切都体现了日本人儒雅的个性和真正的文化精髓，留给人们难以磨灭的印象。

我还注意到，这栋住宅的设计中还利用了木料特殊的怡人气味，整个房间中似乎都充满了沁人心脾的香气。这让我不禁联想到曾经见过的美国房间，那里堆满了桌椅、床架、盥洗台等，还有落满灰尘的地毯、令人窒息的壁纸。疯狂的设计让室内显得闷热无比，一对四边形的窗口却被部分甚至完全封闭，严重阻碍了空气的流通和光线的照射。再回想到那些摆放得如同迷宫般的涂漆家具，我不禁叹息：要整理一个这样的房间，需要付出多少辛劳和汗水！相反，在这栋日本住宅有限的空间内，我却享受到了新鲜的空气和充足的光线。此刻，我几乎无法确定那些曾经熟悉、沉闷呆板的美国住宅是否为我带来过任何快乐的回忆。

即使是一个不太喜欢极简风格的西方人，在初次见到日本住宅时，也可能会感到自己是一个无比贫乏的人。再有品位的人也不得不承认，正是由于房间内的家具、地毯、摆设很少，才免去了人们某些苦不堪言的感受。他会回忆起自己国家的某些家庭艺术制品，比如一张下面刻有天使雕像的桌子，人们靠在轮廓荒唐的桌子上，可以不断敲打天使的腿，这是个多么令人厌恶的场景。还有那些绘有展翅的天使、狮子或老虎的地毯——更糟糕的是，有时甚至会出现一个面色羞红的少女与一个同样红光满面的牧羊人正在亲热的画面——这些画面根本不适合出现在让人踩踏的地毯上，只会让人产生极不舒服的感受。当然，也许在上面擦拭弄脏的靴子会给某些人带来一丝残酷的快感吧。而在日本人的住宅里，旅行者至少不会为这样一堆杂乱的东西感到恼火。罗威尔先生曾经坦诚地说道："在美国，到处都是毫无目的的奢侈浪费，人们已经成为庸俗装饰的可悲奴隶。"

不过，我们已经有些离题了。言归正传，在前面提到的房屋平面图中，通过观察每个房间内榻榻米的数量，就可以得知房间的大小，这些榻榻米的尺寸约为 1.8 米长、0.9 米宽。可以看出，虽然家具较少使这些房间显得空旷，但是与美国相同阶层的住宅相比，这些房间却小了许多。三个与游廊相邻并朝向花园的房间很容易合并成一个房间，其长度约为 11 米，宽度为 3.7 米。除了一个小型的隔断墙之外，整个房间显得连贯畅通。

在建筑设计中，我们得承认得体的建造艺术依赖于高级的审美品位。在日本的住宅中，人们会看到这一原则得到了近乎完美的运用。天花板、角柱、中柱和横拉杆都清晰可见，结实的角柱挺立于地面之上，支撑着屋顶的同时也起到了装饰的作用。一部分椽子成为飞檐宽大下表面的肋拱，而这些椽子也牢固地支撑于一根粗糙的大梁上，这根大梁横贯在游廊的上方。这所住宅的一切都散发出质朴的魅力，在漫长炎热的夏季，这里还是一个无与伦比的避暑之所。不过在阴冷多雨的冬季，这样的房子就多少会令人感到不适，至少对于我这样的美国人来说确实如此。但我觉得这也是"如人饮水，冷暖自知"。美国的一些公寓冬季不也是极为闷热吗？很多东西被火炉烤得干裂，而另一些部分却被冻裂。而且，由于火炉和烟囱内的废气很难排出，导致难以察觉、但确实存在的烟尘和煤灰沾满室内所有的物品。此外，美国的住宅还有很多众所周知的可憎之处。冬季室内外的温差搞得美国人身体脆弱不堪，而日本人却很少像我们那样容易感冒，他们在家中穿着暖和的衣服，对辅助取暖的需求也很小，只需几个小炭火盆就够了。他们还会以母鸡下蛋的姿势跪坐，保持脚部的温暖。他们无视寒冷，在冬天也经常在露天的花园里举行聚会，即使花园里正雪花纷飞。当然，这里的冬天比美国的要温暖一些。但在这样的季节里，一个身在日本的美国人难免会怀念家中的开放式壁炉，还有家人欢聚在它周围的场景。的确，由于我们的家庭生活所具有的社会特征，日本的住宅在冬天对于我们来说确实不太舒适。

日本贵族住宅与武士住宅外观之间的差别之大，就如同武士住宅与农民阶级的陋室之间的差别。但是，前两者的住宅在室内装饰方面的差异并不明显。因为二者追求的都是整洁的木工制品、简洁的风格和纯美的装饰。但是，贵族的宅邸以宏伟的大门、宽敞的房间和通道为显著标志。此外，他们对房间和通道的布局也进行了修改，这在普通住宅中是没有的。

图 99 是由宫崎先生绘制的某位大名住宅平面图，他是东京一所私立建筑学校的学者，曾在伦敦举行的国际卫生和教育展览会上展出过其他住宅平面图。大名在招待客人或官方使者时非常注重礼节，通常选择一些套房作为客房。这类房间的地面经过修整后有些奇特，比其他房间的地面要高出十几厘米，形成一个高台。这些房间与通道相邻，由于通道位于房间和游廊之间，有时也被称为中间区域。更确切地说，就是在主客房内，有一套用障子分隔而成的更小房间。在这些房间中，有一个被称为下阶的房间，其地面与其他住宅的高度一致。其他的房间叫作上段间，其地面比下段间的要高出 7.5~10 厘米。房间的边缘以抛光木板制成的框架为标记，并用来放置榻榻米。在远离下段间的上段间一侧，是床之间和违棚的位置。人们可以从游廊一侧进入这些房间，穿过普通的障子就可以进入一个铺放着榻榻米的区域，这里就是被称

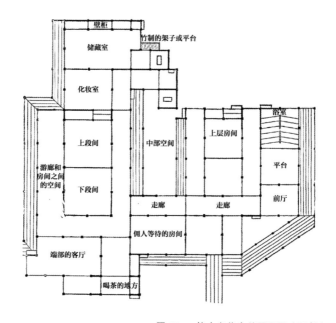

图99 一栋大名住宅的平面图（局部）

为"iri-kawa"的通道，只有一个榻榻米的宽度。人们在这里还会遇到另一排推拉屏风，打开后，就可以进入刚才描述过的那些房间。当大名在新年或其他重要场合接待前来祝贺的使者和客人时，他总是威严地端坐在上段间中，他的重臣和其他随从人员则守候在通道中。拜访者进入下段间后，在那里向尊敬的大名殿下鞠躬致意。

在这幅平面图中，密集的平行线显示的是游廊区域；粗线条表示的是永久性隔断墙；黑色的小方块代表着立柱。障子和拉阖门是用细线标记的，粗线则表示房间以及通道等区域的边界。

揭秘榻榻米

在探讨房屋构造时我们已经简单提到过榻榻米，它是用结实的绳子将以稻草精心制作的席垫绑在一起，形成的一个 5 厘米厚的垫子，最上面还要覆盖一层与我们熟知的广式席子极为相似的草席。当然，有的榻榻米会更为精致一些，其边缘修整得方方正正，并在较长两侧的上部表面使用宽度为 2.5 厘米的黑色亚麻布条进行镶边（图 100）。

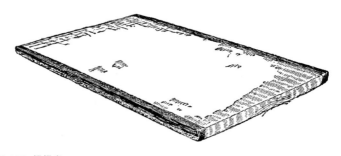

图 100　榻榻米

制作榻榻米与制作铺在上面的草席是两个完全不同的行业。人们常会看到制作榻榻米的人蹲在自家门前的矮架子旁做工，架子上摆放着榻榻米。

正如前面所说，建筑师们要设计不同的房间平面布局以容纳一定数量的榻榻米。另外，因为这些榻榻米的尺寸是一定的，一个房间所容纳的榻榻米数量也表明了该房间的大小。一般房间内铺放榻榻米的数量分别为：2、3、4.5、6、8、10、12、14、16 块，等等。在容纳两块榻榻米的房间里，榻榻米是并排铺放的。在容纳 3 块榻榻米的房间里，榻榻米可能也是并排铺放的，或者两块榻榻米并排放置，第三块放在前两块的顶端。在放置四块半榻榻米的房间里，半块榻榻米一般铺放在一个角落里。铺放 6 块和 8 块榻榻米的房间最为常见，这也显示出日本普通的住宅和房间都比较小——6 块榻榻米的房间长度约为 3.7 米，宽度约为 2.7 米；8 块榻榻米的房间则是长宽均为 3.7 米；10 块榻榻米的房间一般为 4.6 米长，3.7 米宽。图 101 展示了这些榻榻米的常见布局。

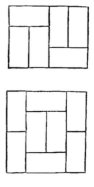

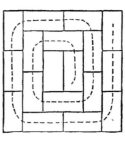

图 101 不同面积房间内的榻榻米布局

人们在铺设这些榻榻米时，不能将四块榻榻米的直角聚在一起（也就是不能出现田字形的布局），而是要将两块榻榻米的短边靠在第三块榻榻米的长边。它们需要按照一种紧密缠绕的螺旋方向排列（见图 101 中的虚线）。如前所述，有的榻榻米的长边镶有黑色的亚麻布条。在贵族的住宅中，这个布条要更宽一些，而且是黑白相间的图案，这在很多日本室内设计图书的插图中都可以看到。这些榻榻米紧密地靠在一起，人们永远看不到下面用粗木板和开放式接头建造的地板。当你踩在榻榻米上时，榻榻米会略微下陷。由于长期使用，旧榻榻米会变得不平，并会有些发硬。由于榻榻米的这种特性，人们不能穿着鞋子进入室内，所以日本人总是把木屐放在室外的石阶上或者门口的地面上。穿着鞋子进入室内会被日本人视为无礼、粗鲁的行为，这也是西方人最容易冒犯日本人的行为习惯。靴子或鞋子坚硬的后跟不仅会在榻榻米上留下深深的凹痕，还经常刺破榻榻米的表面。不过幸运的是，脱鞋进屋的做法也是西方人认可的少数习俗之一，因此遵从这一礼节也就显得顺理成章。在春季或者雨季，榻榻米会潮湿、发霉，因此在阳光明媚的时候，人们会将这些榻榻米拿到室外，像卡片一样堆放在屋前晾晒，有时还会将它们移开并进行拍打。不过，榻榻米本身也为跳蚤提供了良好的藏身之地，这常令在日本旅行的西方人痛苦不堪。当然，贵族阶级的私家住宅就很少遇到这样的烦恼了。

日本人就在这些榻榻米上吃饭、睡觉，直至死亡。它们可以充当床铺、座椅、躺椅，有时还可以当桌子使用。日本人以跪坐的姿态在榻榻米上休息。日本人的跪姿大概是这样的：双腿跪下后，将臀部坐在小腿肚上和脚后跟的内侧，同时将脚趾向内转动，使脚背直接平放在榻榻米上。图102展示了一个女人的跪坐姿态。一些年纪大的人，他们与榻榻米接触的脚面部分常常会磨出老茧。倘若不了解日本人的这种坐姿习惯，人们一定会感到纳闷儿，日本人这个部位的

图102 跪坐着的日本女人

皮肉怎会如此坚硬？不过，这种坐姿对于西方人来说真的是太痛苦了，只有经过多次的练习才能适应。而对于在国外生活多年的日本人来说，要恢复这种习惯也非常困难和痛苦。日本人就是以这种姿势接待客人的，他们并不握手，而是将双手放在榻榻米上，以不同深度的鞠躬表示欢迎，有时甚至会将头部碰到双手。行这

种鞠躬礼时，后背要与地面保持平行，或者接近平行的状态。

在就餐时，饭菜盛放在漆器或陶瓷盘子中，摆放在放于地面的漆盘上。家人就跪坐在漆盘前进餐。

在夜晚，人们要在地面上铺放一个小枕头，用一床厚厚的棉被当作褥子，将另一床同样厚度的棉被盖在身上——这就是日本人的床铺。到了早上，这些床上用品都被收入一个大壁橱中。

日式拉阖门与障子

我们在前面提到过推拉屏风，它构成了日本住宅独有的特色，在这里要具体谈一谈。在美国人的住宅中，门楣是放置在门上的横梁，门楣拥有侧壁或者凹口，与门框上门板关闭时卡入的垂直凹槽相对应。而在日本人的房间中，门楣是贯穿于整个房间各个屋角的，并且门楣上没有任何盖板。在它的下表面上，有两条距离很近的平行深槽。在门楣正下方地面的木制表面上有两条较浅的凹槽，这部分木制表面与榻榻米处于相同的高度，屏风可以在这些凹槽中来回滑动。门楣上的凹槽较深，是为了在移走屏风时，可以先从地面的凹槽中把它们提出来，然后再从上面的凹槽中卸出来。通过拆卸屏风的方法，一组房间很快就可以变成一个大房间。由于两条凹槽间的距离足够大，不同凹槽中的屏风可以随意滑动，互不影响。正是由于这种可随意调节的特性，人们可以按照自己的需求调整房间之间的开口宽度。

推拉屏风的形式有两种：一种是前面提到的拉阖门，形成房间之间的隔断墙；另一种则是障子，位于房间与游廊相邻的一侧，起到了替代窗户的作用（图103）。拉阁门构成了房间之间的可移动隔断墙，并在两侧都糊上了厚纸。因为古代日本人习惯使用中国的纸张，所以这种隔断装置也被称为"唐纸"。它们的框架结构与外部屏风的框架也没有什么不同，都是由纵横交错的细木条组成的格栅，每个网格的宽度为10~12.5厘米，高度为5厘米左右。与大多数木工制品一样，外部或者临界处的框架普遍非常平整。另外，为这些框架涂刷油漆也是较为普遍的做法。用来覆盖框架的主要材料是一种结实耐用的厚纸，纸上通常绘有丰富的装饰图案。有时，在房间的一侧会出现犹如全景画般的连续绘画场景。在古老的城堡中，拉阁门上会出现一些著名艺术家创作的名画。如果将金箔与绘画结合运用，会产生难以言喻、丰富多彩的装饰效果。在平民的住宅中，拉阁门上除了窗纸之外没有任何装饰，所使用的纸张类型也是多种多样：一些纸张带有奇妙的皱纹；有些则带有纵横交错的绿色纹理，犹如海草形成的精细线条；还有

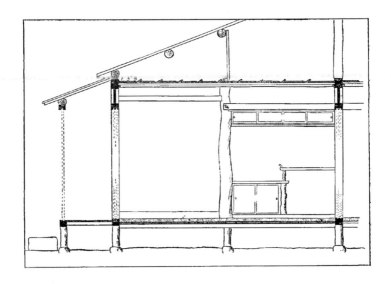

图103 游廊和客房处的截面图

一些纸张融入了褐色的箨（竹笋的皮），看上去古色古香、赏心悦目。有时，窗纸一开始完全只是白纸，如果碰巧一位艺术家朋友前来拜访，主人会请求他在屏风纸上作画留念。当然，其他客人也许早已在纸面上留下了优美的风景或绽放的鲜花。在古老的客栈中，人们经常会见到很多名人的字画，他们很可能以此作为一种付账的方式。

拉阖门上总是覆盖着不透明的厚纸，但是有时候后面的房间却需要光照。在这种情况下，拉阖门顶部和底部各三分之一的部分保持原样不变，并在中间的三分之一部分插入一个障子——也就是一个覆盖着白纸的轻便框架，这样就可以像外部的屏风一样使光线通过。这个框架可以随时拆卸，需要的时候可以重新覆盖上厚纸。框架上还经常带有装饰图案，以几何图形和自然的图案较为常见。在夏季，拉阖门中的这个框架被另一种叫作"yoshi-do"的框架取代，框架上的

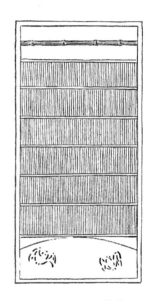

图 104 芦苇屏风

白纸被一种芦苇代替。芦苇被编织成密集的网状，从而使空气可以自由流通，少量的阳光也可以进入室内。拉阖门也可以完全由芦苇和框架构成，图 104 就展示了一个这样的拉阖门。其底部是一块深色的雪松木镶板，上面雕刻或镂刻着蝙蝠的图案。在这块镶板的上方，是一些轻盈的雪松木横杆。在这个框架的所有框格之间是由褐色芦苇或灯芯草竖向编成的密致格栅。拉阖门的顶部有一个很大的空隙，一根竹竿从中穿过。这种芦苇很像一种小型

的竹子，粗细与普通的麦秆相似，并呈现出暖褐色。这种脆弱而精细的材料在室内装饰的很多方面都得到了运用，并体现出日本人温文尔雅的修养和内涵。

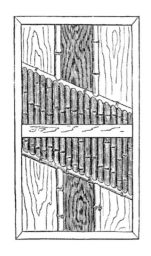

图 105 滑动拉阖门板

住宅中时常会出现狭长的永久性隔断，它具有一个与拉阖门宽度相同的开口。在这种情况下，拉阖门往往更为坚固、耐用。这种拉阖门可以取代美国住宅中的平开门。从图 105 中可以看出这种门板的特点。人们通常用这样的门来遮蔽从大厅通往住宅其他房间的开口。由于采用了浅色和深色的竹子以及纹理粗犷的木板，并在中部使用了暗色的雪松木面板，门板便产生了千变万化的纹理效果。在玄关内，人们常会看到用整块雪松木面板制成的屏风拉门，其纹理极其丰富。

确保人们方便开关拉阖门的方法有很多种。最常见的方式采用一块椭圆形或者圆形的薄金属片，在上面加工出一个凹陷的区域，然后再将其镶嵌到门板的相应位置——与美国的门把手位置大致相同。这种拉手被称为"引手"，并经常成为一种优美的金属装饰制品，呈现出精美的雕刻图案，有时甚至会经过上釉处理。其他装饰作品中别出心裁和趣味无穷的设计在拉手的设计中也同

图 106 门拉手

样有所体现。图106展示了一个贵族宅邸中的门拉手，它的图案为一支砚台和两支镀银的毛笔，笔尖上还蘸着颜料。同时，在凹陷的部分雕刻着飞龙的图案。图107展示了一个铜制的拉手，上面的绿色叶子和红色、白色的浆果图案都是釉面的。图108和109中的门拉手较为花哨，价格也较便宜，上面的图案不是手工雕刻的，是冲压而成的。也有一些拉手是陶瓷制成的。在廉价的拉阖门中，拉手是由窗纸中的凹陷区域构成的，而这些凹陷区域是通过对框架本身进行调整形成的。在精美的室内装饰插图中，人们会注意到一种门拉手的造型，拉手上面还悬挂着两根以某种方式结在一起的断丝线，其末端是一些流苏。通过一些古书中的插图，我判断这些绳索是以前人们经常用来前后滑动拉阖门的拉手，后来这些绳索逐渐被废弃，只保留了带有凹面的金属拉手。如今，这种拉手已经极为罕见，只有在一些大名的住宅中才能见到。图110展示了两个这样的拉手，它们复制于《建具雏形》一书中的插图。

与游廊相邻，或者位于房间中朝

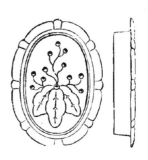

图107 门拉手

图108 门拉手

图109 门拉手

图110 带有绳索的门拉手

向住宅外墙一侧的外部屏风叫作障子，它相当于美国住宅中的窗户。这些障子由轻便的框架构成，组成框架的细木杆纵横交错，形成了很多矩形的小空隙。从障子的底部到距离地面大约 30 厘米高的部分通常是一块木板，主要用来增加框架的强度，防止人们无意中用脚踢坏框架。障子的外侧以白纸覆盖，当这些障子关闭时，自然光线就透过这些白纸进入室内，使房间洒满柔和的光线。在障子的另一侧，有一个矩形的区域是用来推拉障子的拉手，中间留有凹陷区域，便于人们放入手指。有时，在这些障子的窗纸上会偶然出现一些小洞或裂缝，在修补这些地方时，日本人不像我们那样使用方块的碎纸，而是用精美的樱花或梅花剪纸去贴补破损之处，充分显示出他们的艺术情趣。在观察这些具有艺术魅力的装置时，我经常会好奇地问自己，我们该如何学习日本人的做法去修补那些破碎的窗玻璃，而不是用那些脏兮兮、装满稻草的袋子，甚至破旧的帽子去堵住那些裂痕。有时候，障子的矩形框架会变得弯曲。补救的方法是以一定的间距在框架的网格中插入具有弹性的竹条，这些竹条产生的反作用力可以再次使框架恢复笔直的状态。图 111 展示了这种障子的框架，其中弯曲的线条就是具有弹性的竹条。

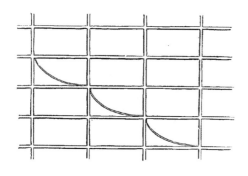

图 111 正在被矫直的障子框架

与室内装饰的其他部分一样，障子也应用了丰富的装饰设计。在这一方面，日本人再次展现了他们高雅的品位和无限的创造力。图 112 展现了一种这样的装饰造型。在当前的城市中，常见的做法是在障子下部距离地面约 60 厘米的部分嵌入一条窄玻璃。乍看上去，将玻璃置于如此低的部位似乎有些奇怪，直到我们想起居住者经常坐在榻榻米上时才会恍然大悟，原来玻璃的位置正好与他们的视线齐平。一般情况下，障子的设计比那些可以视作窗户的某些外部开口要更为简单。而那些用来遮蔽房间之间开口的障子则更为复杂和精致。本书将在适当的地方对此做出进一步的描述。

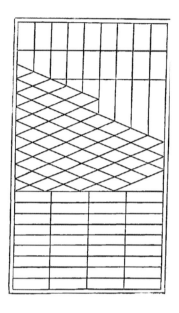

图 112 有装饰性框架的障子

床之间与违棚：不追求对称的日式审美

图 96 所示的房间给出了客房布局的大致形式，通常带有两个壁龛——其中一个是床之间——从字面理解就是"床的空间"，另一个是违棚，内部有一个小型的橱柜和架子，上方还有一个带有滑动拉门的架子。这幅插画是以隔壁房间的视角绘制的，它们之间的拉阖门已经被拆除。地面上的拉阖门滑道凹槽和上方的门楣仍然依稀可见。远处的壁龛就是床之间。人们认为，这个壁龛或者至少是其中凸起的平台在古时候是用来放置床铺的。

让我们暂时停下来，去思考一下这个房间的独特之处。在分隔两个壁龛的隔板处有一根木柱，这根被称为"床柱"的柱子实际上就是一根天然的树干，只是剥去了树皮而已。如果树干上有很多的树瘤，或者曲折的纹理和突出的疤结，就更是人们所希望的材料。有时候，这根立柱的截面可能会被削成八角形，并留下

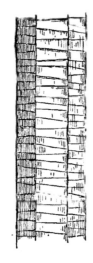

图 113 床柱的一部分

很宽的切口，呈现出怪异的外观，如图 113 所示。柱子上有时会留有一两根树枝，并被加工成装饰性的结构。除了少数例外的情况，床之间的天花板通常与房间的天花板齐平，而违棚的天花板则要略低一些。床之间的地板要高于违棚的地板，它的门槛可能是粗糙的，也可能是加以修饰的。即使修饰得非常平整，经过雕琢的木头也会留下带有曲折纹理的自然表面。而这些日本人特意挑选的木料特征，在我们的木匠眼里却被视为瑕疵。床之间的地板大都采用抛光的木板，违棚的地板也是如此。在进深很大的床之间内，可能会在地板上安放一个榻榻米，并会镶有一圈白色的边条，而不像室内地板上的榻榻米那样镶有黑色的边条。不过，一般来说只有大名的住宅才会在床之间内放置榻榻米。

在床之间的天花板下方 30 厘米多的地方横跨着一根木梁，与两个壁龛内的墙壁一样，木梁以上的墙壁涂抹了灰泥。在违棚内也横跨着一根同样的木梁，只是高度略低一些。当违棚的横梁与前面提过的"床柱"相连时，以及其他的横梁与立柱相连的时候会采用头部带有装饰的钉子。

这些用金属精心锻造的钉头呈现出各式各样的自然和传统造型。图 114 展示了几种经常使用并比较便宜的钉头造型。在这些金属铸造的钉头上，更精细的线条都是手刻而成的。严格来说，这些叫作饰钉的钉子只是装饰性的，钉头的后面只有一根用来固定的钉刺。

分隔这两个壁龛的隔板通常会带有一个装饰性的开口，可能是一个安装了竹条格栅的小窗口，也可能是完全敞开的。这个开口有时会位于靠近地板的位置，四周环绕着弯曲的木条，如图 96 中所示。

在违棚内，总是交替排列着很多搁板，上方的一系列搁板还带有可以关闭的推拉门。如图 96 所示，位于违棚地面一角的

图 114 头部带有装饰的钉子

橱柜也带有拉门。这些木工制品可能会采用造型奇特或者高度抛光的木料。

图 96 中这个房间非常清晰地表明了日本装饰风格的一个特点——尽可能避免左右对称的形式。图中的两个房间大小和形状完全相同，唯一的区别就是稍远处的房间内有两个壁龛，而近处的房间内有一个带有推拉屏风的大型壁橱。不过，可以看到远处房间的上方有一些窄木条，其上放置的木板构成了天花板，这些木条与床之间的方向平行，而近处房间的这些木条则与床之间的方向垂直。尽管两个房间都是铺放 8 块榻榻米的常见布局，但是铺放的布局和走向却是相反的。也就是说，位于床之间和违棚前

面的榻榻米走向是与这两个壁龛相平行的，其他的榻榻米也顺着这个方向铺放。在相邻的房间内，尽管铺放榻榻米的方式大致相同，但是其走向是与两个房间的分隔线相平行的。这种非对称的形式在两个壁龛中也有所体现，在每一个细节上也都有所不同——它们的门口以及悬挂式隔板的下部边缘都处于不同的水平高度。在违棚内，也避免了对称的布局和细节，小橱柜位于门的一侧，一个由单柱支撑的搁板从这个橱柜的一角延伸到壁龛的另一侧。如果要增加一个搁板，也会采用这种非对称的布局形式。事实上，在榻榻米、天花板和其他细节上，日本人都刻意避免了双侧对称的形式。

然而，美国房间对相似装饰特征的处理方式却与此大相径庭！在我们的公寓、礼堂、校舍等建筑中，无论是何处，不管是内部还是外部，单调的双侧对称形式随处可见，甚至连支架和凹槽都是成对出现的。壁炉位于房间的中心位置，壁炉架以及所有涉及壁炉的结构都要以中线为基准，精确地做到左右两侧完全对称一致。壁炉架上的所有饰物都是成对出现的，这些饰物的排列方式也是对称的。对于单个的物品，例如一座法式座钟，都要放置在壁炉架的正中部位。壁炉下方的一对铁柴架以及每侧的祖先肖像都遵循着这种乏味的对称布局。与壁炉相对的是两扇对称的窗户，窗帘对称分挂在窗户的左右两侧。在两扇窗户之间摆放的桌子或柜子，依然严格遵循着这种呆板的对称形式。在室外，这种乏味的布局更加令人感到恐怖，甚至栅栏、马车道和花坛也难逃此厄运。实际上，饱受诟病的传统"假窗"正是由于对这种愚蠢形式的坚持而产生的。

尽管刚才我对床之间和违棚的总体描述也许会被视作这些壁龛的典型特征，但是它们的形式和特点却是千变万化的。的确，我们很难见到两所住宅违棚中搁板和橱柜的布局完全一样。在下面将要研究的插图中我们可以看到这些特点。这两个壁龛通常是并列在一起的，与游廊形成直角。不过，有时也会有两个壁龛之间形成直角的情况，在远离游廊的一侧构成房间的一个拐角。还有时，人们只能看到占据了房间一侧的床之间这一个壁龛。在这种情况下，壁龛里通常会挂上两三幅字画。当这些壁龛并行排列时，每个壁龛的前面通常会铺设一块完整的榻榻米，贵宾就坐在床之间前面的榻榻米上，而相邻的客人则坐在违棚前面的榻榻米上。

违棚还有很多种名称，按照搁板的形式和布局，被称为"chigai-dana"，其中"chigai"是"不同"的意思，"dana"是"搁板"的意思，指的就是那些交替放置的搁板。它也被称作"usukasumi-dana"，意思就是"薄雾搁板"，这种架子的形状和排列方式就如同传

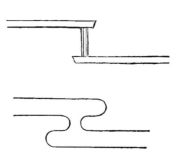

图 115　搁板与传统绘画中云雾形状的对比

统图案中的云雾造型，这些结构的造型设计如图 115 所示（图中的上部展示了搁板的造型，下部展示了传统绘画中云的形状）。当只有一个搁板的时候，这个壁龛也可能被叫作"一叶搁板"，通过架子的形状可以看出这个名字指的是柳叶搁板、鱼形搁板的意思。

如果搁板上有一个肋状支架，或者在其悬空端有一个凸起部分，这个壁龛就叫作"卷轴搁板"。人们会在些架子上放置一些书画卷轴或者礼帽之类的物品。日本人习惯在橱柜的顶部放置一个装有笔墨纸砚的漆盒。这个漆盒涂有亮丽的金漆，绘有丰富

的装饰图案。在贵族的住宅中，这个橱柜的顶部一般放着一块木牍——在古时候，这是贵族们觐见皇帝时携带的物品，它最初主要用来备忘之用，但是后来，携带这块木牍成为一种宫廷礼仪。有时橱柜上还会放置刀剑架。不过，为了向贵宾表示敬意，刀剑架大部分时候会放置在床之间内的神圣之位——地面的中心，或者字画前面的"床位"。如果这个位置上摆放了香炉，那么刀剑架就要摆放在一侧。虽然这些壁龛通常用自然形态的木料或者朴素的木板装饰，但是在贵族的住宅内，这些饰面往往会涂着亮丽的油漆。

我们继续来描述住宅的室内部分。图 116 展示了一位日本绅士住宅中一个特殊的房间，这里的床之间比相邻的违棚要大一些，后者靠近游廊一侧，位置也更低一些。在违棚内，搁板下方的空间采用滑动拉门封闭，形成了橱柜。床之间的空间和进深都更大一些，地面上覆盖着榻榻米，花瓶摆放在一侧。

图 116 客房

床之间的进深一般取决于房间的大小，图 116 中的这个壁龛的布置具有协调的比例，字画和花瓶也都是大尺寸的。在东京，我们有时会看到 1.8 米进深的床之间，内部也以大号的花瓶和画轴作为装饰。

图 117 所示房间中的床之间位于一个角落，与违棚形成直角。床之间的右侧是一个永久性的隔断墙，墙的中间有一个圆形的窗口，窗上安装着可以左右拉开的障子。障子可能安装在隔断墙的内部，也可能是安装在外墙上带有凹槽的框架中。在这个圆窗上方接近天花板的地方有一扇长方形的窗户，窗上也安装了可以开闭的障子，用于通风。在违棚的左侧，有一排很深的橱柜，上面安装着推拉门。橱柜的上方是很宽的搁板，搁板的上部覆盖着障子，打开障子就可以看到隔壁的房间。这个壁龛上部的饰带上是镂空的波浪图案。

图 117 壁龛位于角落的客房

与日本住宅质朴的外观一样，从图117的装饰中也能看到这样的特色。装饰性的窗口或开口都装有造型各异的格栅，推拉门和橱柜上绘有姿态万千的风景、树木和树林。我想美国的房间也许可以不加修改地采用这些装饰风格。

图118所展示房间的房主是以发明缫丝机而闻名的一位绅士。这个房间内的床之间没有与游廊相通，而是隔着一道永久性隔断墙。这道隔断墙占据了房间的半个侧面，并与游廊相邻。在这道隔断墙上有一个大型的圆窗，采用了优雅的竹制窗框，挂在外墙钩子上的障子遮蔽了窗口，在需要的时候可以将障子移开。在这种布局下，坐在床之间前面的贵客可以免受风吹和日晒之苦，而房间的其他部分可以保持着开放的状态。

在贵族阶级的住宅中，这个隔断墙的位置通常是一个壁龛，里面设有低矮的架子，架子的下方是橱柜，上方是一个装饰性的窗口。其实这是一个用于书写的地方（图119），架子上摆放着笔墨纸砚以及镇纸等文人常用的物品。架子的上方还会挂着一个铃铛和木槌，在需要的时候用来召唤佣人。在隔断墙的上部经常悬挂着花瓶。

在图120中，床之间几乎占据了房间的一个侧面，内部可以悬挂、展示三四幅字画。而违棚则被挤到了墙角，变成了一个角形橱柜，上方悬着一个罩盖。它的旁边是一个小型的窗口，窗上安装着竹条格栅，窗外是隔壁的房间。

在图121所示的小房间中，床之间正对着游廊，并且没有相邻的壁龛。隔断墙上靠近地面的位置有一扇小窗，表明这个床之间在隔断后面一直延伸到竖杆处。位于床之间一侧的立柱采用了形状不规则的粗糙树干。尽管树干的大部分都已被砍掉，几乎没

图 118 客房内的圆形窗口

图 119 客房内用于书写的地方

图 120 拥有宽敞床之间的客房   **图 121 小型的客房**

有结构作用，却为房间增添了古香古色的韵味。虽然床之间的横梁一般是方形的，并经过修饰，但是图中房间的横梁却是自然状态的树干，只是去掉了树皮。

图 122 展现了一个非常简朴，同时略显庄重的房间。房间里的床之间位于房间的角落，与游廊形成直角，而违棚则与游廊相邻。

这两个壁龛的进深都很大，违棚内搁板的宽度与壁龛的深度相同，同时形成了下方宽敞橱柜的顶部。在分隔这两个壁龛的隔断墙上有一个狭长的矩形开口。悬挂在床柱上的竹制花筒中除了一些鲜花之外，还有两根长长的柳枝，以优雅的姿态低垂在

图 122 东京某住宅的客房

图 123 京都某陶艺家的客房

床之间的前方。从这个房间的装饰风格来看，它的主人是一个茶道爱好者。

图 123 所示的壁龛位于住宅二层的房间内，该住宅属于京都一位著名的陶艺家，房间的装饰极为朴素。这里的床柱由一根扭曲的硬木构成，剥去树皮的表面十分光滑。违棚上方的罩盖下端是一根很粗的深褐色竹竿。违棚另一侧的黑色立柱被削成了八边形，表面上留有大量不规则的怪异切口。在这个壁龛内，搁板上的推拉门覆盖着金纸，拉手是用嵌入拉门表面的竹节制成的。这两个壁龛的墙壁上都涂抹了厚厚的褐色灰泥，散发出丝丝暖意。房间的天花板是用方形的雪松木面板构成的，这些古老木板上的纹理极为丰富。该住宅建于 1868 年，因此其风格相对来说较为现代。

图 124 展示了东京一座住宅二层的房间，这里的壁龛装饰华丽，令人印象深刻。壁龛占据了整个房间的一端，拥有编织而成

图 124 东京某住宅内的客房

图 125 某乡村住宅内的客房

的天花板，壁龛内是床之间和违棚。它们各自拥有带有罩盖的隔板，其高度和深度也各不相同。这里没有将两个壁龛隔开的垂直隔断墙，两个壁龛之间只有一根靠在墙壁上的方形立柱。当然，图中所见要比文字描述更为清晰。这个房间的天花板非常别致，我们稍后再做详述。

图 125 展示的是底层乡村住宅中的一个房间。这里的壁龛极为简朴。床之间有一些奇怪的改动，上部的隔板不是连续的。在墙壁下方还有一个架子，是用沉船上的黑色船板制成的，上面有虫蛀的痕迹。在壁龛的角落里，有一个三角形的架子。在另一个角落里是一个由立柱支撑着的双层架子。违棚内的地面高度与房间的榻榻米齐平，而床之间的地面要略高一些。

到目前为止，我们提供的室内装饰插图展示了床之间和违棚丰富多样的设计构思，正是它们为住宅中最好的房间增添了迷人的魅力。通过图 96，读者已经了解了它们的经典构造形式。现在，我们又领略了床之间和违棚这两个壁龛的多姿造型和结构，以及它们各自的显著特征。在床之间里悬挂的可能是画卷，也可能是写有汉字的书法作品，其内容或是一些道德箴言，或是一些经典的诗句。在床之间的地面上，通常摆放着花瓶，有时还会在漆器支架上摆放陶像、香炉、石英制品等。人们在违棚内以不同方式安装了便利的搁板和橱柜，它们具有多种功能

图 126 客房的一角

和用途。

图 126 展示了与床之间和障子相关的横拉杆结构，可以看到房间的角落和床之间上部的隔板以及障子，在窗楣与角柱的连接处还使用了装饰性钉头。

在两层的住宅中，这些壁龛的布局更宽。它们可能正对着阳台，违棚的后墙上可能会开设圆形、新月形或其他形状的开口，人们可以由此俯瞰下面的花园或远处的风光。

至此，我们已经仔细探究了相当于我们的客厅或休息室的房间。其他的房间则与此不同，面积较小，也不设大型的壁龛。通过本章第一部分对平面图的研究，可以看出这些房间非常简单，有时候也会设置一个用来放置抽屉或搁架的小壁龛。除此之外，我们几乎找不到任何打破矩形平面布局的结构。

不可或缺的茶室

在这里我们不能忽略日式住宅中另一种房间类型，这种房间的细节甚至比刚刚描述过的那些房间还要简单，却是专门为礼节性的茶道活动而建造的。

简而言之，这种茶道就是主人邀请客人前来品茶的活动。主人当着客人的面按照某种规定的仪式用茶具沏茶，并让客人品尝。还要明确的一点是，在举行茶道活动之前，首先要将茶叶磨得很细，有时几乎接近粉状，也就是"抹茶"。这项工作可以在客人到达之前由仆人来完成，也可以从茶铺预定磨好的茶叶。当然，主人也可能亲自动手磨茶。每次茶道活动都要使用刚刚磨好的茶叶，它们保存在扣着象牙盖子的陶罐中，这种众所周知的茶叶罐被称为"茶入"。有时人们也会使用漆盒盛放茶叶。在茶道中使用的器具主要包括：陶制的火盆，也可以使用地面上的火坑，并在其中填入灰烬，然后放上木炭；烧水的铁壶；做工精致、用来舀水的竹勺；用来给铁壶添水的广口瓶；沏茶的碗；用来盛茶粉的竹匙；竹制的搅拌器，类似于打蛋器，当热水加入后用来迅速搅拌茶叶；一块方形的丝巾，用来擦拭罐子和勺子；放置茶壶盖的小支架，由陶瓷、青铜或者竹节制成；浅容器，用于盛放洗过茶碗的水；用三根雄鹰或者其他大鸟的羽毛制成的刷子，用来掸掉火盆边缘的灰尘；一个浅篮子，里面不仅放着木炭，还有一对用来拨弄木炭的金属棒；两个带有缺口的金属环，用于把铁壶从火上提起；用于放置水壶的圆垫；盛香的小盒，或者一些焚烧时可以散发出特殊香味的木块。除了火盆和铁壶之外，其他所有的器具都必须由主人按照严格的礼仪和某种程序带进来，并按照某种仪规准确地把它们放在榻榻米上。在沏茶时，人们要以最正式的礼仪姿态使用这些器具。

在一个对茶道一无所知的人看来，沏茶的过程似乎是一种怪诞的表演，很多姿势和礼仪形式看上去都是毫无用处的荒诞之举。然而，在学习了许多关于茶艺的课程之后，我发现除了少数的形式之外，茶道的整个过程是自然和轻松自在的。此外，在这种场合下相聚的客人虽然最初会感到一丝拘谨，但是最终能够尽情享受清净安逸的境界。正如我所谈到的，正确摆放茶具以及按照礼仪规定和顺序使用它们沏茶，完全是一项自然轻松的活动。无论是轻拭茶壶和清洗茶碗，还是用搅拌器轻敲碗边震落茶渣，其形式都相当怪异。但是我好奇的是，如果在美国一个礼节隆重的宴会上，对每种餐具使用礼仪的规定是否会让初次体验的日本人感到同样的荒诞和不解呢？

这里对茶道做了简单的介绍，主要是为了解释日本人为何对茶道如此重视，以至于他们为这种娱乐性的仪式专门建造了单独的房间——即使没有专门用于品茶的房间，也会为此指定一个合适的房间。

很多日本的艺术形式都受到了茶道的深远影响，其中陶艺受到的影响尤为显著。茶道体现了严格的礼仪和朴素的思想，让人们走近无欲无求的境界。这些在茶室和茶具中显现的特点，在很多陶器上也刻下了深深的印记。它甚至影响了一些质朴简单的室内装饰设计，并波及花园、大门以及住宅周围的篱墙。实际上，它对日本人的影响几乎等同于达尔文主义学说对早期清教徒的影响。它抑制了艺术追求者的冲动和痴迷，使他们冷静地思考装饰的设计，创造出安宁纯净、简单质朴的作品。但是，清教徒以及他们的后代并没有过多的艺术精神，对艺术的一丝热爱也会被僵化的教义粉碎。因此，我们祖先的生活和家园常被描述成伤感而阴暗的。并且，当某些地方出现了一丝对艺术和装饰的探索时，最终也只是体现在可怜的刺绣样本和可怖的墓碑上：伤感的柳树，或者用冰冷的钢铁塑造的棺材。

在对茶道的形式特征有了一些了解之后，我们就不会对这些为礼节性活动专门设计和建造的特殊房间，甚至建筑感到奇怪。我们在这里会展示一些这种茶室的内部插图。

图 127 展示了京都南恩济寺中的一个茶室，据说是在 17 世纪早期由著名的茶道大师小堀远州专门设计的，他还是一种茶道流派的创始人。这个房间非常小，差不多能容纳 4.5 块榻榻米，这

是常见的茶室面积。由于视角的原因，图中的茶室显得较大。它的天花板是用芦苇和竹子构成的，墙壁上粗糙地涂抹着蓝灰色的灰泥。室内的横梁和立柱都采用了松木，并且保留了树皮。房间里共有8扇大小不一的小窗户，分别设置在房间的不同地方和不同的高度上，这与远州大师的品位是一致的。房间里只有一个壁龛——床之间，在聚会时，里面可能会挂上画卷。在茶道的某个阶段，还会用花篮取代画卷。"围炉里"位于地面上

图 127　京都南恩济寺的茶室

图 128　名古屋富士见陶器店的茶室

的深陷区域，其深度足够容纳大量的灰烬，以及一个放置铁壶的三角支架。

图128展示了一间奇特的茶室，它位于名古屋的富士见陶器店内。在那里，陶艺师的女儿为我们沏茶和敬茶。这间茶室相当简朴，但是与刚才介绍的茶室相比，却略显华丽。房间的天花板由细木条和竹条编成的席子构成，横梁和立柱都采用了红松木。床之间位于图中的最左侧，有一根竹竿作为立柱。地面上的"围

图 129 宫岛某茶室

图 130 放有茶具的厨房

炉里"是三角形的。

图 129 展现了宫岛的一间小茶室，但是插图很难表现其古朴的装饰效果。这里的"围炉里"是圆形的，并置于一块经过抛光的宽木板上。这个茶室与住宅的其他房间相通，其本身并不算一个独立的房间。

在一些住宅中，有一个特殊的地方或房间与茶室相连，里面妥善存放着各种茶具。沏茶的时候，人们从中取出各种茶具，品茶结束之后再按照严格的礼仪规范把它们送回此处。图 130 展示的就是一个位于东京今户的这种房间。我们在这个房间中看到的也是同样简朴的装饰风格。里面设有一些架子和一个存放茶具的小橱柜。在地面上还有一个凹陷的区域，其底部是一道竹栅，当水洒在上面时，可以渗透到竹栅的下面。竹栅上放着一个盛水的大陶罐，还有一个普通的铜制手盆。地面上覆盖着抛光的木地板。房间的另一端是一扇装有拉阖门的低矮入口。

图 131 东京今户的一间茶室

图 131 所示的房间位于东京的一所住宅之内，其装饰极为精美。房主大约在 30 年前建造了这间茶室，并采用了具有中国风格的设计和装饰思想。我并不清楚他的这种思想是从书中得到的，还是从自己的内心意识中萌发的。但可以肯定的是，虽然他在房间的结构中运用了很多源自中国的特征，但是必须说明一点，我在中国的有限考察时期内并没有见到过接近此类风格的房间和建筑。无疑，这个茶室的装饰效果非常迷人，精美的装饰和结构都采用了昂贵的木料。对于茶道，这种过于华美的装饰似乎并不适合日本人的品位。这个房间的天花板尤为独特，一根粗壮的竹子以 S 形曲线的方式从屋顶的一角斜穿到另一角，上面还刻有一首中国古诗。竹子一侧的天花板装饰着大块的方形木板，上面的纹理极为精美；竹子的另一侧采用了小块的雪松木面板。室内的各种横梁和立柱分别使用了来自异国的木料，如棕榈木、竹子和红

图132 图131 中茶室的一角

松木。一些小橱柜的壁板上还绘有雅致的图案，其他的木制面板上镶嵌着各种颜色的木饰，图中的琵琶就属于这类饰物。室内的墙壁被漆成棕色，显得清净素雅。毫无疑问，这是我在日本见到的最独特的室内装饰。由于这间茶室位于住宅的二层，因此在床之间的右侧有一个通往楼梯的小型出口。图132 展示了在床之间内看到的这个茶室的一个角落，可以看到一扇低矮的长窗（在图131 中也能看到），其位置低于入口的顶部。在 L 形屋顶的下面还有另一扇位置较高

图133 武藏国　川越南一座老宅二层的房间

的狭长窗户。在小壁龛内，有一根弯曲的立柱，其弯曲的部分在拐角处形成了带有开口的边缘，可以悬挂画卷或者花篮。

图133展示的是住宅二层的客厅，它位于武藏国的川越南。两扇低矮的长窗位于临街一侧，它们深嵌在墙壁之内，并安装着厚重的格栅。窗口的上方是一排低矮的橱柜，长长的滑动拉门将其封闭。

防火仓库

前面曾经提到过，防火仓库偶尔作为住宅使用。图134展示了图57中建筑拐角处的下层房间。我们已经知道这种建筑的墙壁很厚，房间的唯一开口是一扇小窗和门口。在冬季，墙壁会变得

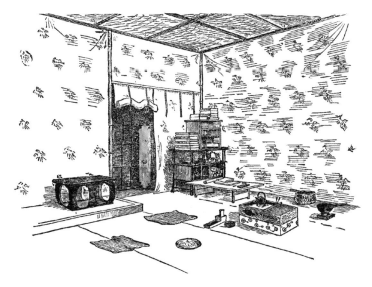

图134 东京一个被改造为书库的防火仓库的房间

冰冷潮湿。为了将这种房间改造为居所，需要在距离墙壁60~90
厘米的地方用竹子建造一个轻便的框架，并在上面挂上布帘，同
时这个框架也构成了天花板，因此建筑粗糙的墙壁和地板梁都被
这个装置隐藏起来。在框架的一侧，布帘可以像窗帘一样卷起，
使人们可以穿过布帘进出房间。这座住宅的主人是一位著名的古
董商，因此房间的墙壁上有很多书架和货架，上面摆满了古书、
字画，还有罕见的卷轴和各种小古玩。通过一段陡峭的楼梯，人
们可以进入上面的阁楼，那里存放着各种古物——石器、古陶、
古色古香的书桌和珍稀的手稿。构成这种辅助性隔断装置的布料
质地轻薄，当房主在布帘的另一侧寻找物品时，我可以借着他手
中的烛光看到他走来走去的身影。图中还展示了房间中摆放的家
具——书架、桌子、炭火盆和其他物品，几乎每一件都是珍贵的
古董。

　　显然，防火仓库的房间就是这样被改造成居住空间的，很多
书籍不仅提供了这种改造方法的图片，还介绍了框架构造的特殊细节。我在一本旧书的插图中发现了这种框架的全部细节，包括金属套接构件、关键螺栓等。图135是书中插图的复制作品。这本书还介绍了这个房间和侧面卷帘的很多细节，甚至还包括日本挂画上部垂下的两条窄带的意义。古时候的挂画具有浓厚的宗教性质，通

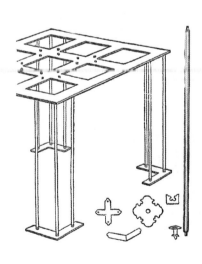

图 135　防火仓库房间中的悬挂框架

图136 东京的一个防火仓库与住宅之间带有屋顶的空间，被用作贮藏室

图 137 京都一个古老防火仓库的大门

常悬挂在一个框架上。较长的带子悬垂在画的背面，为了不遮挡画面，正面的带子较短。当画被卷起后，通过这些带子可以将画卷系紧。随着时间的推移，人们开始把画作直接挂在墙上，背面的长带子最终被废弃，只留下了前面的短带子。在一些旧书的插图中，可以看到框架的布帘也采用了这种方法（长带子在后，短带子在前），当有风吹过房间时，可以将卷起的门帘系紧。非常奇怪的是，挂画上的这些带子被称为"fu-tai"或"kaze-obi"，其字面意思就是"风带"。当有大风袭扰的时候，这些带子很可能被用来固定挂在墙上的大幅挂画。

虽然防火仓库普遍与住宅分离，但是经常会通过一个带有屋顶的轻型木结构与住宅相连，在发生火灾的时候很容易将其拆除。这个结构可以作为厨房或者厨房的门廊，也可以用来储藏各种家用器具。图136展示了这种结构的外观，它依附在防火仓库的侧面，平时作为贮藏室使用。从图中可以看到里面放着木箱、灯笼和水桶。在美国的话，这样的物品可能会堆放在棚子或贮藏间里。

与这个结构相通的防火仓库大门永远是敞开的，在笨重的大门上，木板外壳由木钉和铁钉固定。这个外壳主要是为了保护门板免遭毁坏，因为防火仓库的门和墙壁一样，都是由泥浆、灰泥和结实的框架构成的。当火灾发生时可以迅速地拆除这个轻型结

构，关闭防火仓库的大门。这个结构
也可能很快被烧毁，但是防火仓库却
依然完好无损。

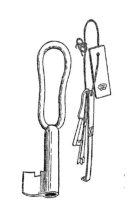

一般情况下，防火仓库的外部也
有一层通过长木条固定的木板外壳，
这些木条被铁钉牢牢钉在防火仓库的
墙壁上。在图 57 中可以看到外墙上的
挂钩。这种外壳可以在各种天气条件
下为建筑提供更好的保护。

图 138 防火仓库的
钥匙和钥匙串

在图 136 中，防火仓库最初与主体住宅之间的距离约为 4.6 米，
后来这个中间地带被加上了屋顶，图中是改造后的结构。

防火仓库笨重的大门总是敞开的，以便于通风。不过，在这
种情况下会通过一扇带有格栅的滑动拉门将入口关闭。图 137 展
示了一扇具有这些特点的古老防火仓库的大门。图 138 中的大钥
匙属于内层的格栅拉门，而图 139 中的挂锁则用于外面的大门。

防火仓库的上层房间通常作为储藏室使用，相当于美国住宅
中阁楼的作用。人们可以在这里看到成捆的干草、谷物、老式的
纺车和箱子——几乎和美国的阁楼一模一样。

图 139 防火仓库的挂锁

天花板、墙壁、窗与屏风

"美好的天国"

在前面介绍房屋构造的时候，曾经提到过天花板的制作和固定方法。其中描述的天花板形式在整个日本具有普遍性。在日语中天花板一词是"ten-jo"，字面意思就是"美好天国"。

在选择天花板的木料时，工匠会注意木板的纹理一定要非常均匀和规整，不能有任何的疤结。天花板和其他室内装饰使用的是极为珍贵的木材，大多采自箱根地区沼泽地带或日本其他地区的雪松木。这是一种纹理丰富、呈现灰色或褐色的木料。通常这种巨大宽厚的木板就可以满足人们的要求。这种木材被称为"Jin-dai-sugi"，意为"天神时代的雪松"。

人们很少见到有别于常规形式的天花板，大多数天花板的建造都是先用轻而细的方木条做成吊顶梁，然后再把薄木板放置在上面，并将彼此的边缘交叠在一起。从南到北，无论是在小客栈、私人住宅还是各种店铺中，人们到处都可以看到这种形式的天花板。这种天花板在日本的普遍性，相当于美国最常见的白色石膏天花板。不过，在其他形式的天花板中，人们更倾向于选择纹理曲折的木料。

在用于品茶聚会的小房间中，天花板的设计往往具有质朴的乡土气息——有时在竹椽上铺放一层芦苇，或者用薄而宽的木条编成类似篮子图案的席垫。

有的房屋天花板呈拱起的造型。也就是每侧的天花板像屋顶一样向上延伸，汇聚于某个平面。此外，天花板还可以由方形或多角形的面板构成。

在图 124 中，我们可以看到上面的天花板异常精美。从其结构来看，工匠应当是模仿了乡村的茅草屋顶，顶部的中心是一块巨大的雪松木面板，其上的不规则纹理经过雕刻后呈现出高浮雕的效果，使它看上去犹如一块古老的木板，而更纤细柔和的线条已经被磨掉。构成这块木板的框架的圆木和天花板四周边缘的圆木，以及从天花板的四角延伸至木板四角的圆木都是用带有树皮的红松木制成的，呈辐射状分布的椽子则是由大型的黄竹制成的。同时，与房间的每个侧面相平行的更小的横梁采用了暗褐色的抛光细竹竿。天花板的主体是由一种叫作萩的褐色干草构成的，这也体现了茅草屋顶的特点。这个天花板散发出迷人的魅力，它的整洁、纯净使房间显得纯朴而高贵，令人印象深刻。

在图 131 中，以对角斜穿屋顶的 S 形竹竿两侧的方形镶板是用雪松木制成的，竹竿上还刻有字迹优美的中国古诗。这个天花板的美感不仅来自于古雅的效果，还体现在纹理丰富的木材和精湛的建造工艺上。图 123 中所示的天花板也与此类似，整个房间就如同一个精致的橱柜。近来，这

图 140 镶板天花板

些镶板天花板得到了更广泛的使用。图 140 所示的天花板形式并不多见，由大块的方形日本雪松木板构成，其框架是采用竹子或者榉木制作的。

奇怪的是，日本住宅屋顶下的封闭空间（实际上就是一个阁楼）很少得到利用。一到晚上，那里就成了老鼠的乐园，由于它们在天花板上奔跑打闹，那些薄木板会产生震动和声响，使人们难以

入睡。横贯屋顶的大梁变成了老鼠的马路，因此这根横梁也被称为"nedzumi-bashira"，字面意思就是"老鼠梁"。

墙壁与楣上饰：细节之美

在前面探讨房屋的构造时，我曾提到过灰泥墙壁，以及灰泥中常用的各种颜色的沙子。墙面的处理方法可谓五花八门，获得的效果也是千奇百怪。有时，在灰泥中还会混入灰色和白色的小卵石。人们还会将一些淡水双壳生物的外壳捣碎，然后与灰泥混合在一起。

在三河国，我见到过一种铁灰色的灰泥，里面混入了精细的大麻纤维，这些纤维在灰泥中闪闪放光，产生了奇妙的效果。在尾身国，经常会见到一种修饰得十分光滑的灰泥墙面，这种墙面是在灰泥尚未干透的时候，将铁屑均匀地吹到墙面上，经过氧化作用整个墙面会产生温暖的棕黄色调。在灰泥墙壁上糊纸的时候，一般不会使用米浆，因为某些昆虫的幼虫容易造成墙面的损坏。取而代之的是一种类似于冰岛苔藓的海草，其所含的黏性物质可以作为黏合剂使用。这种材料可以用于胶性纸和胶纸板，或者将若干薄纸粘在一起形成硬纸。

无论灰泥墙面是否经过上色，拥有灰泥墙壁的房间往往会贴上墙纸。人们习惯使用一种叫作"koshi-bari"的墙纸，将其贴在距离地面60厘米或更高的墙面上，以防灰泥弄脏衣服。在普通的房间中常会见到这种糊纸的墙面。

虽然日本的住宅看上去简单而质朴，但是看似简陋的房间内却有很多独具匠心的细木工艺，洋溢着美妙的艺术气息。床之间和违棚的面积并没有限制设计和装饰的多样性，艺术家们可以在窗台、立柱、架子、小橱柜和滑动拉门的表面尽情挥洒画笔。此外，各种木料也成为工匠们展现特殊技艺的大舞台。

尽管天花板的结构大同小异，但是也为装饰设计者提供了用武之地。在这一方面，运用任何超出常规形式的装饰都会增加住宅的建造成本，因为需要处理的表面积更大，细木工的制作费用也更昂贵。我认为在装饰的重要性方面（当然，天花板是个例外，因为我们很少看到有违普遍特征的天花板），仅次于违棚的就是楣上饰，同时也是设计者最为关注并且需要更为精致的细木工制作。虽然它们覆盖的面积很小，但是可以采用带有雕刻和格栅的装饰设计——格子通气孔的几何形状设计或面板的镂空设计。在房间的其他室内装饰中绝对不会出现这种出众的设计。

正如我们所看到的，门楣是一根贯穿房间整个侧面的横梁，距离地面的高度接近 1.8 米（图 103）。在门楣的下表面上是拉阖门运行的凹槽，门楣与天花板之间的距离在 0.6 米以上，当然这主要取决于房间的高度。门楣距离地面的高度几乎是一个不变的常量，并且总是低于美国的门楣，这是因为日本人的平均身高要低于美国人。对于很多西方人来说，这样低矮的门楣是令人恼火的，因为他们从一个房间进入另一个房间时常常会撞到头。门楣和天花板之间的空间叫作楣上，自然，这又为日本的装饰设计者提供了新天地。在美国的房间中也是一样，设计师总是想方设法去修饰这个相似的空间。然而，在日本人的房间里，人们习惯于将这个空间划分为两块或多块镶板——两块较为常见。在这样的区域，设计师和木工拥有足够的空间去施展才华，创造出令人惊叹、魅力无穷的室内装饰精品。

这种设计多种多样，有的是菱形花纹装饰和几何图形，有的则是每块镶板都由一块绘有图案的木板构成，同时将木板上图案之外的部分切掉——这样隔壁房间的暗影就会成为镶板

图 141 箱根村庄住宅的楣上饰

上装饰图案的背景。此外，还可以用雪松木薄片制成各种装饰图案，例如飞鸟、花卉、波浪、飞龙等，或者以镂空的形式表现出其他的装饰图案。格子通气孔（回纹细工）镶板是经常使用的楣上饰，其设计与现在从日本进口的镶板类似，但是上面的图案更大。虽然看上去非常轻盈，但是这些镶板一定制作得极为结实，因为很少看到这种镶板出现错位或破损。

图 141 中的楣上饰图案来自箱根村庄的老宅。这个房间很大，门楣上方共有四块镶板，总长接近 7.3 米。轻便的竹制格架是该地区最受欢迎和最常见的饰物，图 142 展示了这种常见的简单装饰造型。在东京的一所住宅中，我见到了一种用陶瓷制作的类似设计（图 143）：中间的竖杆拥有深蓝色的釉面，而较轻的横杆是白色的。要注意的是，除了镂空的部分之外，装饰图案之间的空隙都是通透的（图 144），透过这些空隙可以看到隔壁房间。

很多楣上饰需要高超的设计和制作技巧，木雕艺人首先将装饰图案绘在结实的木板上，然后将周围的木头切割掉，只留下绘有图案的部分，并对装饰图案进行精心雕琢。

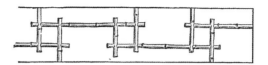

图 142 竹制的楣上饰

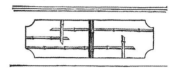

图 143 东京的陶瓷楣上饰

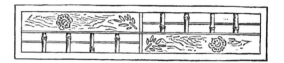

图 144 竹制和镂空的楣上饰镶板

图 145 大和国乡村的木雕楣上饰

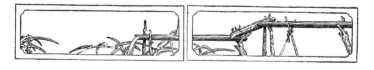

图 146 肥后国八代市的木雕楣上饰

在大和国的一座老宅中，楣上饰是一块完整的镶板，其长度与房间的长度完全一致。图 145 展示了这个镶板的装饰设计，其图案以竹架上的菊花为主题。这些图案都是在一块木板上雕刻而成的，这些花叶雕饰在镶板的两侧都进行了同样的精雕细琢。实际上，在任何情况下，人们在相邻的两个房间内都可以看到同一个楣上饰的装饰图案。我注意到，很多古老的住宅中都有这样的楣上饰。

在肥后国（今熊本县）的八代市，我曾见到过这种精美至极的楣上饰（图 146），虽然它是由两块镶板构成的，但是上面的装饰图案是连续的。它展现了乡村地区使用木槽输水的方法，木槽支撑于紧固的支架上，这些支架是用带有枝杈的树棍做成的。此外，还可以看到很多水生植物的长叶，由于部分腐烂，叶子的边缘显得参差不齐，整个画面刻画得惟妙惟肖。这种镶板的厚度还不足 2.5 厘米，但是装饰图案呈现的浮雕效果却令人惊讶。在雕刻图案之间的空隙处有一种类似白垩的白色物质，这也许意味着整个画面曾经全部被增白处理过，后来随着时间的推移逐渐褪色。

一个值得人们关注的事实是，越是在遥远偏僻的小城镇和村庄，艺术家和工匠们似乎越是善于设计和制作这些优雅、精美的雕刻品，事实也的确如此。在日本各地，我发现了各种各样的艺术佳作。显然，日本所有的手工艺人都精通自己的业务，他们不是为行业服务的奴隶，而是在家工作的自由职业者。换言之，任何地方的人们都喜欢欣赏具有艺术性的设计和创作。因此，各行各业的能人无论身在何处都能找到用武之地。这并不意味着日本的优秀工匠不愿去更大的城市就业，而是说在小城镇和乡村里并不缺乏这样的能工巧匠。与美国相比，他们的手工艺人分布得更为广泛和均匀，这与我们的情况真是大相径庭。实际上，在美国

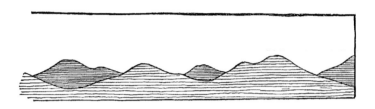

图 147 竹制的楣上饰

千百个城镇和村庄中，所谓的木匠只能建造一些遮风挡雨的庇护所而已。如果他们试图美化自己的作品（当然，我并不愿唤醒这些可怕的回忆），屋檐和每一个开口上就会出现一圈可怕的、像衬裙一样的扇贝图案，很多时候，粉刷匠还会让它们变得更加丑陋。

在名古屋，我在一栋穷人的住宅中也见到了简单精巧的楣上饰。它由两块雪松木薄板构成，一块浅色，一块深色，上面雕刻着连绵起伏的山脉造型。当两块木板叠放在一起时，就形成了两条山脉的景观。图 147 展现了这种简单楣上饰的外观，从中可以看出一丝设计构思。在我们的室内设计中，某些用于房间通风的结构，完全可以借鉴日本人在装饰方面的专长。

装饰性与功能性：窗

当房间关闭的时候，自然光线只能透过障子、窗口进入室内。也就是说，永久性隔断墙上的某些开口都可以被视作窗户，但是在大多数情况下，它们已经失去了窗子原本的功能特点，成了一种装饰性结构。甚至很多开口完全变成了装饰，失去了窗户的全部功能。这些开口的造型可谓千姿百态，出现在房间内最令人意想不到的位置。它们可能会开设在距离地面很近的地方，或者高

图 148 窗户上的障子

处靠近天花板。事实上，当房间之间出现永久性隔断墙时，一般都会设置这样的开口。在床之间和违棚之间的隔板上也会看到类似的开口。在床之间外部边缘不远的地方，有时会出现一个设有开口的隔板，这个开口往往是方形的，并安装了障子。在障子框架的上部，横梁的两端都是突出的，以便悬挂在铁钩上（图148）。如果窗口靠近床之间，障子会挂在房间的外部，因为这样会使房间内部的视觉效果更好。有时，窗户的上部和下部固定着带有凹槽的夹板或木条，障子会直接安置在上面。在隔断墙上，障子往往是放置在内部的，也就是说隔断墙是双层的。在这种情况下，障子一般会做成左右两个部分。由障子的框架形成的窗口通常会显现出令人称奇的高雅品位。如图149所示，这些框架的造型设计一般为几何图形，但是也会看到一些其他形式的设计，例如图150

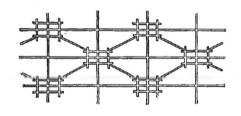

图 149 窗户上的障子框架

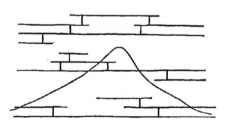

图 150 窗户上的障子框架

中展示的山脉造型。这些造型是依靠极细的白松木条来实现的。

在名古屋的一座老宅中，我见过一个与众不同的黑色雪松木隔板，上面有一个圆形的窗口，其直径大约为 1.5 米。窗上有一块雪松木薄板，上面是镂空的波浪图案，画面极为优美。造型奇特的卷曲浪花仿佛新生的蕨类植物，翻滚的波浪显露出优雅的韵味，悬浮在浪峰之上的圆形水滴呈现出迷人的效果。随着光线从外部照射进来，这些形状各异的开口会散发出柔和的光芒。

当这些窗口出现在二楼时，经常会设置在方便人们俯瞰花园或远眺风景的位置。为此，日本住宅的窗户还经常采用圆形的轮廓，偶尔也会出现月牙或者扇形的窗口。这些开口的造型设计似乎永无止境。房间之间的这种开口并不一定带有障子，但总是安装着竹制或者其他材料制成的格栅，上面呈现出某种装饰图案。而外墙上的窗户不仅配有障子，还可以安上装饰性的格栅。在图 118 中，紧挨着床之间的大型圆窗上就安装了这样的竹栅，上面的装饰图案优雅别致。

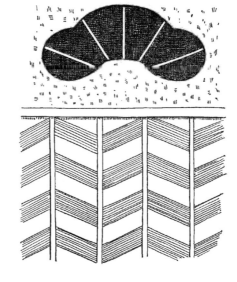

为了书写而在壁龛内开设的窗口也非常值得注意，这个窗口的框架可能会上漆，上面的格栅和障子通

图 151 窗口

常会显示出独具匠心的艺术创意。在一些过道内，或者位于游廊一端并通向厕所的空间，还会有一些形式怪异的窗口。图 151 展示了一个从屋外看到的这种窗口，上面装有铁制格栅，窗口下部采用了雪松树皮和浅色木板交替呈现的木饰图案。

这些窗户也叫"窓"，其造型不下百种之多，每一种形式的窗口都有一个合适的名称。在后面介绍花园的章节里，我们还会对凉亭中其他形式的窗口进行描述。

轻便的屏风

由于日本房屋的开放特性，促进了各种轻便屏风、竹帘、窗帘和类似装置的发展。它们充分显示了日本人在结构方面的独创性，以及无穷尽的艺术天赋。折叠屏风已是人尽皆知，所以在这里只轻着笔墨。这些屏风是由一系列木板或者两面糊纸的折叠框架构成的，屏风的外部框架由窄木条制成，框架可以上漆，也可以保持木料的本色。在端部的折叠处，以及框架的其他部分还有一些铸铁装饰构件。框架的内部是宽度不同的锦缎边缘，在锦缎上还有一条窄边儿。被锦缎包边环绕的部分就是艺术家们显露才华的天地。每一块折板或面板都绘有独立的图画，或者在屏风上组成连续的风景画面。很多伟大的日本艺术家都在这种屏风上留下了不朽之作，其中一些作品的价格之高，令人难以置信。

如今，这些装饰华丽、金光闪耀的屏风极为罕见，它们堪称装饰绘画艺术的奇迹。虽然屏风的正面风景如画，但是背面的装饰却十分简单，有时就是一个镀金的表面，或者用黑墨粗略地点缀一些竹子和松树等。有人告诉我，由于很多古老屏风上的金箔

图 152 折叠式屏风

特别厚，所以很多人为了金子铤而走险破坏屏风，犯下了偷盗的罪行。

毫无疑问，6块面板的镀金屏风是日本家庭最贵重的装饰物品。当然，其他物品也无法承载如此丰富多彩的装饰艺术。漆面华丽的框架、金属铸造的配件、金丝锦缎的包边和艺术家们价值不菲的绘画（当六折屏风的两面都进行装饰时，其规格接近7.3米×1.5米）都极大地丰富了室内装饰的效果。足赤的金箔反射出柔和的金光，为室内增添了温暖明亮的色调。由于它们具有可以调节的特性，因此可以在任何光线下展示出装饰画面。当然，我们现在所说的是两套老式的真金屏风，拥有一套这种屏风的人真的是个幸运儿。图152展示了一个这样的屏风，上面的冬景是由狩野常信绘制的，具有将近170多年的历史。同时，他还为另一套与此相配的屏风绘制了夏季的风光。在这些屏风的背面，也绘制了色彩鲜明、栩栩如生的翠竹和松柏。图153展示了这个屏风框架的一角，以及上面的金属饰物。这些屏风可以是两折、三折，或者与图152中一样的六折。当一套屏风不再使用时，要封装在一个丝绸袋子里，然后装入狭长的木箱（图154）。与其他家庭物品一样，譬如衣柜和五斗橱，这个木盒也安装着长长的铁制把手。当把两端的把手向上翻起并高出顶部后，就

图153 屏风框架上金属铸造的配件

形成了方便的提手环，可以将木棒从中穿过。发生火灾时，人们可以轻松将木箱抬走。

当屏风展开放在地面时，有很多种装置可以防止屏风随风晃动。在这些装置中，有的是金属制成的，很像钩子；或者是用陶瓷做成的配重装置（图155），屏风的底端可以装入配重装置的插槽中。

在某些节日里，临街住宅的主人习惯把房屋敞开，展示家中的屏风。在京都，人们在节日里可以沿

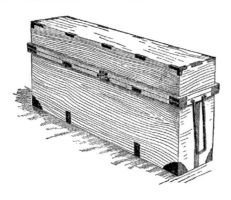

图154 屏风箱

街欣赏这些精美屏风的盛大展览。

在京都以南的地区，可以看到一种独特的屏风。屏风的面板是由芦苇和竹篾制成的精致栅栏。当这种屏风展开时，少量光线可以从中透过，非常适合夏季使用。

有一种低矮的两折屏风叫作"风炉先屏风"，一般放置在用于沏茶烧水的火炉或者火盆的前面。这种屏风的目的主要是为火炉挡风，防止吹起满屋的炉灰。有时候，风炉先屏风的木框是固

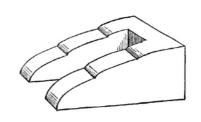

图 155 屏风底部的配重装置

定的，不能折叠，主屏与翼部成直角，面板由芦苇制成。在屏风的拐角处固定着一个小型的架子，上面可以摆放各种茶具。这种屏风的设计十分多样，图 156 展示了其中的一种结构。

在老式的门廊或玄关里，一般会摆放一个结实的木制屏风，其框架非常沉重，支撑在两个横向的支脚上。这种屏风被称为"冲立"，属于玄关中的一件家具。它通常装饰着华丽的金漆，比普通的屏风要低矮得多，这种形式的屏风经常会在日本的旧画册中出现。这种屏风的小模型一般是用陶瓷制作的（图 157），主要用来放置在砚台前

图 156 风炉先屏风

图 157　"冲立"屏风的陶瓷模型

面，以防止研墨的时候墨汁溅到地面的榻榻米上。还有另一种形式的"冲立"屏风，只是一个带有立柱的支架，可以将结实的纸屏或面板以垂直的形式放在支架上面，如图 158 所示。

当障子被移走后，房间变得更加通畅，有利于采光和通风。这时，人们会用竹帘或草帘来遮蔽强烈的阳光。这些帘子一般挂在辅助屋顶的边缘之下，或者门楣和窗楣的下面。也可能悬挂在房间的外面。人们可以将它们卷起并系紧，或者垂下任何所需的长度。这些帘子可能极为朴素，也许带有一些藤蔓、葫芦或者传统的装饰图案。通过调整竹节的位置，可以形成锯齿状或其他样式的图案，如图 159（A）所示；或者在薄竹条的底部边缘刻一个方形的凹口，如图 159（B）

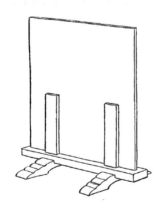

图 158　另一种"冲立"屏风

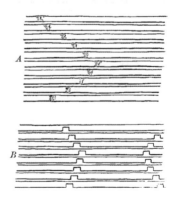

图 159　竹帘

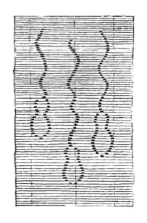

图 160 竹帘

图 161 出现在一些图书中的布帘

所示。在这种情况下，室内的阴暗为这些凹口组成的图案提供了
必要的背景（图160）。这些装置被称作"暖帘"，如果是用竹子
制成的则被称为"竹盲"。

在一些书中，人们经常会看到图161中所示的屏风。它包括
一个漆面的底座，上面立着两根竖杆，竖杆上支撑着一根横杆，
样子有些类似晾毛巾的架子。在这个支架上挂着一个很长的布帘，
其底端覆盖在地面上。我从未见过这样的屏
风，它可能是在大名的住宅内使用的。

帘子经常出现在门口和过道，帘子由很
多细绳构成，绳上串着珠子一样的短竹节，
每隔一定的间距还会串上一些黑豆。图162
展示了这种垂帘的一部分。这种帘子的优点
是，不仅可以起到屏风的遮挡作用，人们还
可以自由地从中穿过，无须将其挪走。这种
帘子的样式繁多，目前日本正在出口用玻璃

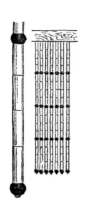

图 162 垂帘

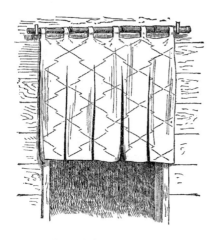

图 163 剪开的布帘

珠和芦苇节精制而成的各种帘子。

布帘一般用于厨房的入口，还可以遮蔽一些壁龛。人们按照一定的间隔将布帘剪开，形成一排的长布条。这样的布帘不易随风飘舞，并且便于人们进出房间（图 163）。在日本很多店铺的正面，也可以看到相似的布帘，它们以一定的间距被剪开，从而降低风的影响。

无疑，还有很多其他形式的屏风和帘子，无法在这里一一列举，但是我介绍的都是目前日本住宅中最为常见的屏风和帘子。

厨房与炊具

与美国一样，日本住宅中的厨房也是多种多样的。换言之，无论是在日本还是美国，乡村贵族阶级的厨房通常是宽敞明亮的，并具有良好的通风性。在厨房内不仅可以烹制美味和洗刷餐具，还设有专门用于上菜的小屋。而在两国的普通城市住宅中，厨房往往是一个阴暗狭小、令人不适的空间。在这个阶层的日本住宅中，厨房是定义最不明确的房间，不像其他房间那样具有整洁的布局和鲜明的特色。一般情况下，一个狭窄的门廊或者带有斜坡屋顶的棚屋就可以用作厨房，它们很少带有天花板。暴露在外的椽子被烟火熏黑，炊烟通过天窗飘到室外，这个天窗同时也是厨房昏暗的室内空间的唯一采光设施。在城市住宅中，厨房通常位于房屋临街的一侧。而花园一般位于住宅的后面，最好的房间都朝向花园一侧。另外，厨房位于临街的一侧还便于人们进出厨房，以及同卖鱼和卖菜的商贩进行交易。这与美国不太一样，很多时候，美国屋前的草坪上散落着各种食品包装，让我们回想起当天饭桌上令人愉快的美食。在日本的乡村，厨房普遍设置在住宅的一端，与一个类似于门廊的扩建部分相连，那里存放着各种木盆和木桶，以及用于冬季取暖的木柴。

在公共客栈、大型的乡村住宅以及一些城市的茶楼中，地面上常常留出一个狭窄的区域，其地面为夯实的硬土，并形成一个从街道通向住宅中部甚至花园的通道。这样，人们不必脱掉鞋子就可以进入住宅的中心区域，而搬运工和仆人可以直接把客人的行李放在榻榻米上。在客栈里，客人可以坐在轿子里直接进入中心区域，并在自己入住的房间门前下轿，确保了更高的私密性。这个通道通过木板或者其他可调节的平台与客栈其他部分相连，居住者可以赤脚或者穿着袜子在客栈内自由行走。

在公共客栈内，办公空间、公共空间，以及厨房都设置在这条通道的旁边。人们在公共空间内可以照看孩子、做针线活儿，或者做些其他家务。这些房屋的椽子和茅草屋顶十分沉重，被厨房的烟火熏得漆黑，密布的蛛网同样难逃被熏黑的命运。在炉火的映衬之下，一切都呈现出不可思议的怪异感觉。这些日本北方的农宅，与北海道地区的住宅一样，通常会在地面的中心位置设置一个"围炉里"。

图 164 龟山农宅的厨房

在贵族阶级的乡村住宅中，厨房的空间非常宽大，而且距离水井很近，很多时候水井甚至就直接设在厨房里。日本家庭的用水量非常惊人。如果水井设在室外，人们会在水井的旁边修建一个水槽，上面安装着竹制的水嘴。这样，打上来的井水就可以顺着水槽流入厨房里的大水箱，水井附近的地面也总是泥泞不看。这些储备用水主要用来清洗蔬菜、大米、碗盘以及与烹饪相关的器具。

图 164 展示了武藏西部地区龟山的一个古老厨房。这是一个有着将近 300 年历史的厨房，在富庶的日本独立农户中是非常典型的。在图中的前景位置有一口很大的水井，井口箍着一圈木板，井口的上方还有一个挂着绳索的滑轮。水井附近还设有水槽，通过竹制的水嘴可以将井水输送到住宅的其他部分。图中的左侧是

厨房灶台，更远处是一个用拉阖门封闭的空间。在水井后面，是两个正在准备晚餐的女孩，她们在小漆盘上摆放好餐盘，然后将烹制好的菜肴放入其中。在灶台附近还有一些用软石制作的小型便携火盆。高出地面的地板是用较宽的木板制成的，厨房内总是少不了木制地板，一般拥有光滑的抛光表面。

日式炉灶的一般形式如图165所示，这种炉灶是用碎瓦和泥浆或者黏土砌成的，外部整齐地涂抹着一层黑色的灰泥。灶台的正面有两个用于生火的炉膛，这个结构位于一个结实的木架上面，木架前面有一个盛放灰烬的地方，下面还有一个存放木柴和木炭的空间。同样造型的炉灶有时是铜制的，里面盛放着水，炉身上设有小型的开口，可以将酒壶放入水中加热。因为日本人喜欢喝热的清酒，但是酒中不能掺进热水。

在东京的今户，一所住宅中的厨房使用了铁皮排烟罩将炉灶产生的烟雾疏散到室外。这算得上一个相当现代化的装置了（图166）。

图165 炉灶

图167展示了东京某处住宅的厨房，其中炉灶的表面封盖着石料，炉灶的一端设有一根烟囱，与美国的火炉比较相似。房主告诉我，这种炉灶在他的家族中至少已经使用了三代。在这间厨房内，还能看到一个与地面齐平的区域，地面上有一个下水槽，

图 166 使用了铁皮排烟罩的厨房

里面倒放着一个米缸。下水槽旁边立着一个巨大的水缸，水桶和水瓢都放在附近，方便人们使用。厨房上方有一个架子，上面放着木盆和木桶。一根立柱上悬挂着竹筒制成的容器，里面用来放置烤

图 167 城市住宅的厨房

肉钎子、木汤勺、饭匙等餐具，切肉和鱼的刀具放在下面的盒子里。在一根横吊起来的竹竿上，悬挂着一些毛巾，还有两个用来熬制淡汤的大鱼头。在靠近灶口一侧的立柱上，挂着一个粗网眼的金属筛子，可以用来从灰烬中筛选出少量未充分燃烧的木炭，从而达到节约的目的。木炭渣装在旁边一个带盖的容器内。炉灶的附近放着一个石质的火盆，在沏茶的时候用来烧水。

图 168 更为清晰地展示了这种火盆的外观。这种被称为"七厘炭炉"的木炭火盆是一种非常方便和经济的炉具，可用于烹制一些小菜或者烧水。这个厨房里没有风箱，需要引火或让火烧得更旺的时候，需要用扇子，或一根短竹管吹气，也能起到类似风箱的作用。

图 168 石质的炭火盆

图 169 竹筒架和刀盒

图 169 更加清楚地展现了竹筒容器和下面的刀盒，它们几乎是每个厨房的必备装置。公共客栈的厨房一般都朝向街道开放，街上的行人可以清楚地看到正在忙碌的厨师们。在美国，一些小餐馆也经常以同样的方式向路人展示烧烤和炖煮的食物，用这些令人胃口大开的美味招揽顾客。

在图 170 中，可以看到日本北部地区厨房布局的共同特征。在这里，火炉设置在房间的正中位置，一把水壶被铁链悬吊在火上，其余的水壶则挤在周围的火上加热。火炉的上方有一个方形的架子，上面可以悬挂鱼和肉，火炉冒出的烟正好可以用来熏制这些食材。有时候，人们会在烟的上方悬挂一个很大的稻草包，然后把小鱼串在尖尖的细棍上，插在稻草包上，看上去就像很多针插在插针包上。

图 171 是一个更为精致的悬挂装置，可以用来悬挂茶壶。这个复杂的机械装置上带有奇特的接头，可以随意升高和降低茶壶。在农民的小屋中，有一种简单的悬挂装置（图 172），这种用竹子制作的装置叫作"自在"，意为"随心所欲"，可以实现同样的功能。在图 172 中，人们会注意到茶壶前面有一个方形铜盒，上面

图 170 住宅中部的"围炉里"

图 171 最好的"围炉里"

图 172 竹制悬挂装置 "自在"

有两个圆形的开口，这个盒子里注满了水，并被炉火烧热，可以用来烫酒。在"围炉里"的一角，一把火钳插在灰烬之中。火钳由一对长铁棍构成，通过一个大圆环在一端把它们连在一起，这样火钳才不会散架。用这个厨房装置捡拾火热的木炭绝非易事，因为在笨拙的手中，圆环总会妨碍火钳的两个顶端合在一起。

当初在北上河顺流而下时，我曾在船上见到过一种在火上悬挂水壶的装置，在这里提一下也许更为合适。虽然我从未在住宅中看到过这种方法，但是这种装置可能在日本北方地区比较流行。它由一根竖直木棍构成，木棍的中部带有空槽。在空槽中固定着一个水平的连杆，人们可以随意调节连杆的高度。无须过多的描述，只要看图173，就能清楚它的工作方式和原理。

图 173 悬挂水壶的可调节装置

地板与楼梯

在大多数房间的地板上，都铺着前面描述过的榻榻米，不过这不是我们此时关注的重点。一般情况下，地板都是由粗糙的木板构成的，由于铺设方式的原因，会出现一些不规则的区域。当住宅拥有适合的大厅或前厅时，会采用宽木板作为地板。这种地板通常保养得十分光滑，其抛光的表面犹如象牙一般，令人惊叹不已。即使在乡村的住宅中，这种抛光的地板在前屋中也并不鲜见。当人们沿街游走时，甚至可以在这些光亮的地板上看到远处花园的映像。在乡村的客栈中，房屋前部的地板通常只由木板构成。但是在整个日本，在地板上铺放榻榻米的做法更为普遍。

在临街的商铺中，铺放榻榻米的地板距离门槛只有不到一米，门槛与地板之间是泥土地面。由于地板高于地面，地板边缘与地面之间的空隙通常要用普通的木板封闭。有时这些木板上还绘有花饰图案，或者雕刻着传统图案。这些封闭木板可以方便地移动，地板下面的空间可以存放鞋子、雨伞等物品。

当一个美国人逐渐熟悉这些日本住宅后，会惊讶地发现它们与美国住宅的不同之处，这里没有堆满壁橱的过多的杂物，也没有沦为松鼠窝的阁楼。究其原因，主要是这里的人们从来没有囤积物品的习惯和想法，也从未想过有一天废弃的垃圾会得到重新利用。否则，人们一定会把阁楼和棚屋变成垃圾站。日本人的生活必需品一般都存放在箱子、橱柜或者地板下面的空间内。

几乎所有住宅的厨房都铺着木地板，大厅、游廊和所有的通道也是如此。在贵族阶级的住宅里，地板下面的地面上会铺着砾石、砂浆和黏土的混合物，或者直接铺放碎石。

由于大部分的日本住宅只有一层，并且没有对天花板和屋顶之间的空间进行利用，因此楼梯并不常见。当确实需要楼梯时，它们的结构也往往十分原始。在日本，我从未见过一种与建筑结构融为一体并将下部封闭的楼梯，也没看到过像美国住宅里那些宽阔低矮的台阶、缓步台，或者螺旋式楼梯。如果住宅是两层结构，它的楼梯也只能算是一架陡峭的梯子，也就是在两个侧面的支撑结构之间，通过榫卯结构固定一系列的厚木板作为台阶。这种梯子极为陡峭，人们必须侧身才能上去，否则膝盖就会碰到上面的台阶。这种楼梯几乎没有方便的栏杆和扶手，即使有，也只不过是固定在墙壁上的木条或绳索。台阶的正面也是通透的——没有竖挡板，但是如果台阶的后面是一个敞开的房间，人们就会将木板条钉在台阶的背面。

图 174 是一座皇家花园内的优美住宅中的楼梯和栏杆，极为纯美和质朴。

在客栈和大型的农宅中，台阶式梯子较为常见，在需要的时候这种楼梯易于拆卸。在同类的住宅中还有一种常见的楼梯，其外观犹如彼此堆放在一起的方盒子，更像是一组大小不同的积木。尽管它是由一系列可以分离的结构组合而成，实际上却是十分紧凑。这种楼梯有很多种形式，图175 展示的就是其中一种，这个楼梯最下面的两个台阶是完全封闭的，然后是一个低矮的橱柜，上面安装着滑动拉门，它的上角形成了另一个台阶。在这个橱柜

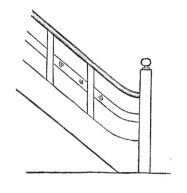

图 174 皇家花园内一栋住宅的
楼梯与栏杆

上还有三个台阶，每一个台阶都包含一个可以从侧面拉出的抽屉。与此相邻的是一个很高的橱柜，其顶部支撑着另外三个台阶。这个橱柜通常安装着平开门——这在日本的住宅中是非常少见的。橱柜的底层放着夜灯和高高的烛台。上层放着收起的被褥和枕头，也可以放置托盘和餐盘。

图175 与楼梯相结合的厨房壁柜、抽屉和橱柜

这种楼梯没有梯子造型的楼梯陡峭，虽然没有栏杆和扶手，但是格外结实。

这里的楼梯和地板都是由经过高度修饰的木头制成的，其表面犹如抛光的象牙一般光滑。我曾经多次检验过这些木制的表面，试图发现上蜡和抛光处理的痕迹，却一无所获。最后我才发现，原来人们经常用蘸着洗澡水的抹布去擦拭这些木制的表面。大概皮肤分泌的油脂与木板表面的美丽光泽多少有些关系吧。

当住宅设有门廊或玄关时，通常会带有两三级与玄关宽度相同的台阶，这些台阶的高度也普遍比美国的略高一些。玄关前的台阶与地板的结构连为一体。从游廊通向地面的台阶一般是方形的，或者采用不规则的石块或木料制成。如果使用木料，

图176 游廊的阶梯

台阶很可能由大树干的横切部分或者很大的木板制成。台阶的其他构成部分还包括两个简单的侧板，木板制成的踏板通过榫卯结构固定在侧板上（图176），有时还在台阶的两侧修建低矮紧凑的扶手。这些楼梯结构都是可以调整的，也就是说可以放置在游廊的任何部位。

洗浴设施

日本的每一个村庄、每一座城镇，甚至每一个广场都设有公共浴池，只要花上一两分钱，人们就可以在那里方便地享受热水澡。而在美国，只有在大城市中才能发现公共浴池，而且大多数设施都极为简陋。至于美国的私人住宅，人们虽然有着洗浴的习惯，但是一项调查却显示只有很少的私家住宅拥有浴缸这样的洗浴设施。

在日本，几乎所有的贵族阶级住宅都拥有最完善的热水洗浴设施。即使在城市和乡村的穷人家庭中，也不乏这样的设施。如

图177 侧面带有炉膛的浴缸

图178 内部加热的浴缸

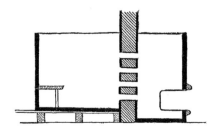

图 179 分段式浴缸，加热的炉具位于室外

果需要，人们还可以到随处可见的公共浴池去体验洗浴的快乐。虽然浴缸的形式多种多样，但共同之处都是又大又深。人们可以通过不同的方法直接对浴缸加热，这显然是最为经济的选择。图 177 中展现了一种常见的浴缸加热形式，在靠近底部的位置安装了一个小型的铜制炉膛，其开口处是石头、黏土或灰泥制成的框架。在这个炉膛内生火之后，如果需要的话可以把浴缸里的水烧开。在浴缸内设置了一些横杆，以防人们在沐浴时碰到火热的炉膛。在另一种加热形式中，一个铜制的漏斗或管状炉膛直接贯穿浴缸及其底部（图 178）。这个管状炉膛的底部是一个金属网，将木炭装入炉膛并点燃后很快就会把洗澡水加热。在炉膛的下面还会放置一个盘子，用来收集上面掉下来的木炭和灰烬。在一种更为精致复杂的加热形式中（图 179），浴缸分为两个部分，并由房间的隔断墙隔开。这两个部分由一些竹筒或管道相连，这样热水就可以自由循环。房间外面的部分包括一个燃火箱，可以在里面生火。这

图 180 带有外部加热装置的浴缸

图 181 以铁锅作底的浴缸

种加热方式可以让人更加舒适，并避免了烟熏火燎之苦。

在图180中，可以看到一个极为出众的浴缸，在浴缸的外面有一个类似小木桶的装置，其两端完全封闭。一根铜管竖向贯穿这个木桶，管内装着燃烧的木炭。浴缸与木桶之间通过一段竹筒相连，并且装有一个方形的小阀门，当洗浴的人觉得水温过热时可以关闭这个阀门。在很多情况下，设备上还安装着一个用于排烟的烟罩。这些浴缸放在开阔的木地板上，地板条略微向中部的排水槽倾斜。浴缸内极高的水温对于西方人来说有些难以忍受，日本人也是在浴缸的热水中浸泡一段时间后，再用另外一桶清水擦洗身体。

在日本乡村，还有一种颇为常见的浴缸，包括一口大而浅的铁锅，木制的扩展部分牢牢固定在铁锅上面，以装入足够的水（图181）。人们在铁锅的下面生火，洗浴者的下面还垫有一个木架，以防脚部被铁锅烫伤。这种浴缸叫作"五右卫门浴盆"，是以太鼓时代著名的强盗石川五右卫门的名字命名的，据说他能够在沸油中洗澡。

用于洗浴的设施在日本的住宅内随处可见，而用于洗脸和洗手的设施却并不显眼。有过这种亲身经历的人经常会想起美国原始的乡村住宅，在那里，人们或者去厨房，在一堆锅碗瓢盆中洗漱；或者端

图182 乡村客栈的盥洗设施

着锡制脸盆到井边打水洗脸——在凉爽的清晨，这也许更加令人

图 183 私人住宅的盥洗空间

感到惬意。在日本，人们经常会在院子里或者街边用木桶或木盆洗脸。在客栈或私家住宅中，人们会用铜盆和一桶清水在游廊的某个地方洗漱。有时，在日本北方的乡村客栈中会见到如图 182 所示的这些设施。在游廊或通道的一端设置着一个很浅的水槽，槽内有一个结实的木桶和一个铜制的洗脸盆。

图 183 展示了东京一栋私宅中的此类设施。这里的水槽位置高于地面，并设置在通道的壁龛内，这条通道正好位于一个房间的背面。这套设施的木工制作非常精致，可以滑动的木窗框上糊着结实的白纸，保证了充足的照明。同时，圆润的褐色陶罐、清洁的木勺和铜盆以及古色古香的毛巾架无一不散发出整洁质朴的迷人气息。

人们一定会感到奇怪，对于水槽和洗脸与洗手这样简单的事情，他们居然倾注了真挚的热情和创新才智。因为这种简单、便捷的设计确实令人感到轻松与快慰，与美国的某些客房形成了鲜明的对比。在我们的客房里，当人们准备撩水洗脸时，却发现这些本该自由连贯的动作被一堆毫无意义的盥洗用品所限制。因为在洗脸槽的周围摆满了各种细高的瓶子、杯子、肥皂碟以及头重脚轻的小水壶，而所有这些物品都挤在一块白色的大理石面板之上。如果人们用力过猛，很容易把这些物品打破。有过这样的经历和回忆之后，人们一定会对日本的盥洗空间极为赞赏。只需一个耐用的平底脸盆和盛水的大陶罐，人们就可以在这个宽敞的空间里尽情洗漱，而不用担心把水溅在墙纸上，或者打碎那些毫无用处的盥洗用品。

刚才描述的是私人住宅中常见的盥洗用具。很多这样的设施都是直接安置在地板上的，这对于习以为常的日本人来说不会带来任何麻烦，但是对于西方人来说，被迫以屈身的姿势洗漱会令他们感到非常尴尬。

通常，洗漱的空间都采用了建筑中常用的木制装饰，展现出极为迷人的魅力。图 184 是一本日本书籍中的设计图，为了更为符合我们的透视法，我对其稍作了一些修改。这个设施位于游廊尽头的地板上，一块低矮的隔板在侧面

图 184 日本图书插图中的盥洗设施

形成了一道屏风。在内部有一个很低的搁板，上面放着盛水的陶罐。

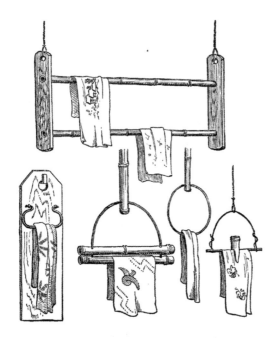

图 185 各种形式的毛巾架

水槽内的地面上紧密排列着一排竹竿，洗漱溅出的水可以透过这些竹竿下面的排水渠流到地面上，而不会溅到水槽的外面。墙壁上挂着一个纸灯笼，毛巾架和长柄水勺也放在随手可及的位置，非常方便。虽然还有其他形式的此类设施，但是这里展示的一切已经足够表明，这些为重要的日常洗漱而设计的装置和设施是多么的完美。

　　毛巾架以极其简单的结构和众多优点吸引着人们关注的目光。他们形式多样，其中大部分的设计都具有质朴的风格，并且可以悬挂起来。图 185 展示了一些常用的结构形式。其中最简单的一种就是一个悬挂在一根竹竿末端的竹环。另一种十分常见的形式是一个竹轭，其下端固定着一根更大的竹竿，同时，在这根竹竿的上方还有一根可以在竹轭上自由上下滑动的竹竿。凭借自身的重力，上面的竹竿可以压住挂在下面竹竿上的毛巾。还有一种形式的毛巾架，是将一个竹环固定在木板上，然后再将木板悬挂在墙壁上。

日本人使用的毛巾也是一种精美漂亮的物品，由棉麻织品做成，还经常印有以两种蓝色为主色调的优雅图案。

日式卧具与极简主义

在日本生活过一段时间之后，人们会意识到保证个人生活舒适度所需要的必用品非常之少，也会逐渐认识到，正是由于缺乏这些在美国被认为是不可或缺的东西，个人的舒适度才得到了提高。现在我们再来看看日本住宅的床铺及其布局，可以说已经达到了极简的程度。整个地面甚至整个住宅都可以作为床铺使用，无论在通风或者封闭的空间，在楼上或者楼下，人们都可以找到光滑、结实的地面，躺在舒适的榻榻米上睡觉。听不到弹簧的咯吱声，也没有凹凸不平、软硬不均的床面等待着他们。日本人的床面几乎与房间的宽度一致，提供了最舒适的睡眠体验。更确切地说，床铺是在榻榻米上形成的，没有床架和任何框架结构，也没有任何限定床位的区域。床上的铺盖包括薄厚不一的被褥，人们将一两床褥子铺在榻榻米上就可以形成床铺，盖上被子就可以睡觉。普通的被褥都填充着棉絮，最好的丝绸被褥则在里面添加了丝锦。在私人住宅里，人们通常会享受这种丝绸被褥铺成的床铺，这也是最令人感到舒适愉悦的床铺。到了夏天，这些被褥会让西

图 186 常用的枕头造型结构

方人觉得过于闷热，这时他们往往会怀念家中清新干净的薄床单，尽管需要的话，在这里也会得到一件相当于床单的薄睡衣。在白天，人们会将这些被褥叠起来收放在橱柜里。

日本人使用的枕头通常是一个轻盈的封闭木盒，底部有的是平整的，有的是略微凸起的。木盒的顶部固定着一个圆柱形的垫子，里面填满了荞麦壳。这个垫子被紧紧地系在木盒上，将垫子固定的同时细绳也固定着枕套。枕套一般是用折叠数次的软纸制成的，如图 186 所示。

还有一些其他形式的枕头，有的是很硬的垫子，有的是长方体的形状，其两端为木板，其余部分是编织而成的。有时还会见到陶瓷枕头，但是这种枕头极为稀有。此外，还有很多便携式的枕头，其中一些可以折叠并收在一个小包里；另外一些的外形就像一个盒子，内部带有一些抽屉，以及放置纸灯、火柴、镜子、梳子和各种如厕用品的空间。这种枕头主要是供旅

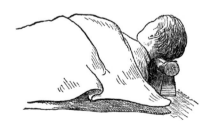

图 187 枕在枕头上的头部姿势

行者使用的。有了这样的枕头，日本人几乎走到哪里都可以享受睡在自己床上的体验，因为他们的头部已经习惯枕在自己的枕头上了。任何情况下，当人将肩膀靠在床上时，头部都可以自然地枕在枕头上，如图187所示。对于还没有习惯这些枕头的西方人来说，初次使用之后常会在第二天早上感到脖子僵硬，会觉得这些枕头极不舒适。在夜间，还会不时感觉到自己好像掉下了床，其实不过是他们的头部从枕头上滑落下来。

不过，当人们习惯了之后，会发现这种枕头有很多优点：脖颈处于自由状态，空气流通于其下，使头部保持凉爽。由于日本人的发型比较整齐死板，尤其是女人的梳头方法，所以这种形状特殊的枕头对日本人来说是非常必要的。但是，随着日本男人普遍放弃了髻发，一些人使用的枕头与美国的更为相似，只是比我们的更小、更硬一些。总体上，我认为很多人会发现这种替代品要更舒适一些。

对于女仆来说，整理这种简单的日本床铺比整理美国的床铺要轻松太多。在一家大型的客栈中，一个女孩子就可以完成所有的铺床工作。实际上，这项工作的简单程度令人觉得有些不可思议。她会将日式床垫或者被褥快速叠起并收放起来，或者挂在阳台栏杆上晾晒。她可以抱着一大堆轻便的枕头来到楼下，在那里解开固定枕垫的细绳，用干净的折纸替换已经用旧的纸枕套。这样，整理床铺的工作便全部完成了。将很多硬纸条绑在细竹竿的末端还可以做成一把除尘器，仆人可以用它打扫所有房间，做好接待下一批客人的准备工作。由于与厕所相关的打扫工作是在房屋的其他部分进行的，因此房间可以在极短的时间内被整理得井然有序、焕然一新。

　　在拥挤的客栈内，每一位客人占据一块榻榻米，整个地面就这样睡满了客人。在冬天，客人们还会得到厚厚的棉被，这种棉被更像是一件有着宽大袖口的棉衣。很多房间的地面上还有一个方形的浅坑——也就是所谓的"围炉里"，需要的时候可以在里面用木炭生火。在"围炉里"的上方有一个可以调节的方形木架，可以将床上用品放在木架上彻底烘烤，这样就可以让人们在温暖的被窝里入睡。在白天，人们可以将一部分被褥收起，用"围炉里"的炭火取暖。图 188 展示了这种地面上的火坑，上方的木架可以防止被褥掉到下面的火上。日本人用一个小木箱盛放装有热木炭的陶制容器，并将其放到床上，这种"被炉"的作用相当于我们的热石或热砖。因为床上用品的易燃性，在享受这种奢侈的取暖方式时，人们的粗心大意必定会引起很多火灾。

　　客栈还经常会向客人额外提供一种小型的方形薄垫，用于就座。有时候还会看到一种轻便的圆垫，人们躺着的时候可以把肘部放在上面（图 189）。

图 188 地面上的加热装置

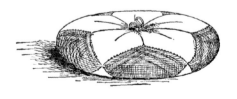

图 189 肘垫

　　在所有的住宅中都可以见到蚊帐，即使最穷困的人家也毫不例外。常见的蚊帐形同一个方形的盒子，几乎接近房间的大小。人们通过房间四角的挂钉，用绳子将蚊帐的四角悬挂起来，就可以将蚊帐放置妥当。此外，还有一种婴儿专用的小型蚊帐，是由竹制框架构成的，看上去就像一个笼子。无论婴儿睡在哪里，都可以把它罩在婴儿的上方。

室内装饰

在美国的博物馆和一些私人收藏中，我曾经见到过一些日本制造的物品。正是因为希望准确了解它们的真正用途，才唤起了我对日本的兴趣。此外，对日本住宅的研究也促使我不断寻求那些与美国的室内装饰相似的元素，例如吊篮、墙角支架，尤其是用桦树皮、真菌、苔藓和贝壳等做成的装饰品。我很高兴地发现，这些自然元素的魅力对日本人的影响很大，而且他们也在类似的装饰方法中运用这些元素。一开始，我在这些空荡荡的房间里几乎一无所获。乍看上去，可以用家徒四壁来形容这些房间。当我从一个房间进入另一个房间时，似乎觉得这些房间是用于出租的：眼前出现的是一个没有壁炉和壁炉架的房间，后者用来放置精美的物品；这里没有窗户，当然也就不存在窗户之间用于悬挂画作或支架的空间；这里也没有桌子，甚至连放置艳丽装束和珍奇古董的橱柜都极为罕见；这里同样没有墙面搁板来放置光彩夺目的陶瓷制品，更没有椅子、书桌或床架。因此，这些房间也没有展示精美雕刻或者布艺作品的机会。的确，人们一定很想知道他们是以何种方式展示这些精美的物件以达到装饰家居的目的。

然而，对日本家庭进行一段研究之后，人们就会意识到这样的展示对于日本人来说是不可能的。同时人们还会认识到，这种类似于教友派信徒的简朴风格正是日本房间的魅力所在——极度的干净整洁和优雅精致，室内几乎没有让人过目难忘的东西。这也是日本人追求的家居装饰特色和主要目标，并以我们永远无法企及的简单而有效的方法做到了这一点。

在他们眼中，我们的房间就像一个"闷热"的古玩店，令人感到窒息。各种花瓶、照片、牌匾、青铜器摆放得杂乱无章，搁架、支架上和橱柜内都塞满了各种小摆设，而这些却足以让一个日本人发疯。我们以最不理性的方式炫耀自己拥有的一切物品，并且随着生日晚会和圣诞节的周期性出现，大量新物品也会随之而来。那些不太漂亮的东西就会被转移到上面的阁楼中，为新物品腾出空间。随后，这些新东西也会依次被挤到阁楼中去，在那里被孩子们拆毁，或者保留下来供未来的古物学者们研究，从而引发他们对这个时代艺术状况的思考。在我们的墙壁上，可以悬挂用于盛放食物的鱼形大餐盘。而在日本的房间里，沉重的青铜器稳稳地放在地面，上面托举着鲜花怒放的巨大樱树或梅树枝干。在美国，这些都是放在高高的架子上或者放在门口的上方，非常危险。我们还有一种更为罕见、无知的炫耀方式，就是把一尊雕像推到窗口的位置，以便让对面的邻居看到。而日本人只要在窗口的硬纸板上剪出一个轮廓，就可以满足同样的需求。我们把艺术家的绘画衬托在耀眼的壁画或墙纸背景下，可见我们时常在摧毁艺术家的劳动。面对物品堆积如山的房间我们仍不满足，于是让装潢设计师和家具商在室内安装华丽的镜框，以便从中看到这些物品的镜像。更可怕的是，镜面中的这些重复画面会产生令人作呕的效果，使我们的一切努力都付之东流。

在这些家居装饰上，美国人不仅算不上出色，而是问题多多。人们可以通过一位英国权威的话了解这一点。他为提高西方大众审美品位付出了很多，他不仅告诉人们什么是家居装饰的真正品位，还指出了避免在品位上犯错的最合理方法。他认为，在装饰中既要避免冒犯性和矫饰性的元素，又要在品位问题上找到更好的方法和更真实的原则。他就是《家居品位建议》的作者查尔斯·伊斯特莱克，他在批判英国住宅装饰中表现出的平庸品味时说道："它们已经渗透到我们的大脑并破坏了我们的判断力，我们习惯于凭借这种判断力去选择日常物品。于是我们的客厅过道铺上了布鲁塞尔地毯；我们的卧床也铺上了华而不实的印花棉布；我们不得不坐在结构设计极为糟糕的餐桌旁和椅子上，它们的外形乏善可陈，毫无新意；我们还会使用来自伯明翰的金属制品，尽管它们外形丑陋、脆弱不堪；我们用令人厌恶的手法装饰最精美的现代陶瓷器皿；我们的墙壁上会出现愚蠢的蔬菜图案，或者乏味无趣的菱形图案。简而言之，这些庸俗的品位正在迫使我们按照穿衣戴帽的方式来装饰住宅——如果艺术变成了一潭死水，那就绝对没有任何美感可言了。"与日本人在这方面的品位进行对照，我们也许会从中受益颇多。

在前面的内容中，我已经描述了足够的细节，以使人了解日本房间的结构特点。现在，我们看一下日本住宅柔和的色调和色彩。这是一种宁静悠闲的氛围，只有在榻榻米上坐下一段时间之后，人们才会注意到房间内朴实无华的陈设：拉阖门上覆盖着中性色调的窗纸；灰泥墙面也采用了相似的色调，以温暖的棕色和石色为主；雪松木的天花板保留了木材的本色；随处可见的木制物品静静地吸引着人们的目光，展现出的自然色彩令画家都自叹弗如——所有这一切，共同创造了最为清净淡雅的室内空间。在对比鲜明的地板上，铺着凉爽的稻草榻榻米。榻榻米的长方形表面光亮均匀并镶有黑边。在整个日本，所有的地板上都铺着这种无比舒适、低调的稻草榻榻米。有人可能认为这有些单调，但这种单调犹如新鲜的空气和纯净的清水。这样的房间只需要很少的物品进行装饰，实际上，也只有很少的地方可以放置这些饰物。

需要注意的是，在美国的房间里，人们可以自由地在墙上挂上绘画作品，而不考虑光线和效果。而日本的房间里有一个壁龛，从地面到横跨在顶部的罩顶隔板都是敞开的，这个壁龛敞开的方向与光源的方向成直角。这里被奉为房间中的最高荣耀之地——只有这里才可以悬挂画卷。这里没有涂刷清漆，人们要看到里面的画卷要走到房间内的某个位置，并要适当扭头才能获得最佳视角。在这个被称为床之间的壁龛里，通常只会悬挂一幅字画。但是正如我们所看到的，这个壁龛的宽度也许足够容纳两三幅绘画作品。

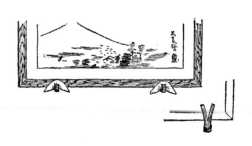

图 190 画框及其支撑构件

从门楣到天花板之间的高度大约46厘米，这主要取决于房间的高度。在这个区域有时会看到一幅长而窄的画，也许会镶着细木框，或者固定在一个平整的框架上，画面周围的纸边或锦缎边缘会将框架挡住。这幅画由两个铁钩支撑，并以很大的角度前倾。为了防止画框的边缘被铁钩划破，通常要垫上三角形的红色绉布。一种竹制的支撑物通常被用来替代铁钩，如图 190 所示。画面可能是一道风景，或者是一束鲜花，但更多的时候写着一些汉字，内容可能是道德箴言或者抒情的诗句。这些字迹往往是由一些是诗人、学者或其他知名人士写下的。在房间的两个角柱之间有一面隔断墙，在中部的方形木柱上可能会装饰着一块狭长的雪松木薄板，其宽度与柱子相当，上面绘有别致的图案。也可以用丝绸或锦缎代替雪松木板，看上去很像一幅挂画，只是通过顶部的一根风带挂在柱子上。当然，还可以使用更便宜的稻草、芦苇或很薄的竹片，但是无论采用什么材料，这个饰物都被称作"hashira kakushi"，其字面意思就是"柱藏"。如果是木制的，两面都会有装饰画，当一面展示了一段时间之后，就可以翻过去展示另一面。"柱藏"采用的木料通常是深色的雪松木，具有均匀的

图 191　柱藏

纹理，画面就直接绘制在木板上。图 191 展示了这种两面都绘有画面的饰物。

　　艺术家对这些装饰物品处理得十分巧妙。在这种棘手的表面上选择绘画主题可能会让美国的艺术家感到头疼，但是这对于日本的装饰艺术家来说却易如反掌。他们只需从某个优秀的主题中竖向选取一部分画面，就像人们从敞开的房门中所看到的自然景

物——其他看不到的地方都留给了人们的想象力。这些装饰物品在我们的市场上也大有销路，但是绚丽的装饰色彩表明它们已经受到美国艺术氛围的熏染。悬挂这种画卷的立柱以及床柱也可以使用前面提过的悬挂式花瓶进行装饰。

日本人可能会收藏一些名画，但是往往只在床之间内挂上一幅，其他的都收放在防火仓库中。如果他是一个有品位的人，会根据季节的变化、客人的性格或特殊的场合不断更换床之间内的挂画。在我曾经做客数日的一个住宅中，床之间内的画卷几乎每天都会更换。当一幅画卷展示了几个星期或数月之后，会被小心地卷起并收到丝绸套袋或者盒子中，然后再挂上另一幅字画。这样就会避免单调。

美国人常以倦怠和淡漠的方式向客人展示自己的藏画，这说明这些藏画已经在墙壁上挂了很久，难以唤起他的关注和兴趣。而且，由于一直暴露在外，画面的效果也会严重受损。我们在墙上挂着拥挤不堪的绘画作品，其中很多处于糟糕的光线下。这也表明主人的兴趣主要在于那些饰有浮雕的镀金画框，因为它们即使在微弱的光照条件下也能引人注目。

长期将藏画暴露在外的做法显然不妥，一幅画只有在人们并不经常注意的时候，才会产生更好的观赏效果。有谁会在酒足饭饱之后注视似火的热带日落画面，或在饥肠辘辘时欣赏北方如雾的细雨画面？然而，很多时候我们却不得不忍受这样的经历。为何不对我们的房间进行调整，比如增加一个壁龛，从而在这个光线最好的地方展示一两幅佳作，并点缀上鲜花、陶器或青铜器呢？我们从未尝试对住宅的室内布局进行过一丝的改变，房屋只是以最经济的方式为我们提供了一个吃饭、睡觉和等死的场所——就像一个长方形的狗窝，只是在必要的地方开设了用于采光和进出的洞口。与此同时，它们的居住者深受宗教朴素和忧郁思想的浸润，以至于长期以来人们一直认为拥有一幅藏画是耽于享乐的空虚行为。除非这些画面的主题暗示着另外的世界，出现天使或者墓碑和柳树的形象，甚至以临终的情景展示转瞬即逝的安息之地。

日本人收藏的陶器和其他小古董都与画卷一样，被精心收藏在锦缎套袋或者盒子里，当好友前来拜访时才会将其打开，然后主客快乐地共赏。日本人的这种方法不仅能带来更多的愉悦感受，还会避免很多尴尬的局面。纯朴的人不会牵强附会地去迎合自己不喜欢的事物，也不会将稀有的但丁蚀刻画误认成土著人的作品，或者只是因为了解到物品的价值就表现出强烈的兴趣。

在日本的房间里，各种物品的色彩和房间本身色调形成的鲜明对比与和谐氛围是最为吸引人的。画卷与收纳它的锦缎之间，以及与床之间所呈现的安静柔和的色调之间总是会形成最精妙的和谐氛围。当一束樱花在这个荣耀之地——床之间盛开时，这种安静氛围与艳丽色调的对比塑造出一种令人心旷神怡的优雅背景！极简的花束、宁静的画面与略显粗糙的陶器和青铜器融为一体，使房间的总体色调趋于完美。与此同时，一件涂有金漆的华贵物品闪耀出宝石般的光芒，不但没有破坏整体的和谐，反而使房间的氛围更显融洽。

有趣的是，悉数著名的英美艺术家和装饰设计师，在他们创造和谐的装饰效果方面所做的努力中，明显注入了日本人的精神和理念。他们每一次的成功都是对日本艺术审美品位的肯定。现在，美国的墙纸也常常显示出安静而柔和、简约而低调的装饰风格，也越来越得到大众的认可。

在日本的住宅中很少能见到陈列古玩的橱柜，只是偶尔会看见一些漆器的支架，上面放着一些搁板，可以摆放少量物品——陶器、石器、化石、古钱币，甚至还有来自中国的水磨石碎片，这些碎片被镶嵌在黑色的木座上。日本人热衷于收藏亲笔签名、硬币、锦缎、金属制品等物件，但是很少将它们暴露在外。我曾见过摆放在不同的床之间内各种各样的展示物品，包括天然的石英碎片、水晶球、稀奇的水磨石、珊瑚、古旧的青铜器以及传统的花瓶和香炉等。这些物品经常（但也有例外）被放在漆器支架上。在违棚内，我还见到过刀架、漆器书写台、古老的书画卷轴和书籍。我还略带愧疚地偷看了橱柜内部，瞥见了一些装在盒子里的陶器、画卷等。正如前面所说的，这些物品一般都保存在防火仓库里。

除了漆器橱柜之外，人们在住宅内也许还会看到一种更高级的家具。它由一些进深较大的搁板构成，部分搁板可以封闭，形成了一个小橱柜。这种家具主要用来放置信纸、盥洗用品、花盘和各式各样的家居用品及装饰品。这些家具通常都涂有清漆，外观非常漂亮。

花卉也是日本最常见的艺术主题之一。在装饰艺术的所有分支中，无论是自然形式还是传统形式的花卉，都会被选为创作题材。在日本人的轻薄织物、刺绣、陶器、漆器、墙纸、扇子甚至金属制品和青铜器中，都会出现这些迷人却易逝的花朵。在他们的社会生活中，也总是会出现这些花卉。在日本人的一生中，花卉在某种程度上总是与人们的日常生活联系在一起。即使去世多年里，他们的坟墓前仍然会不断收到人们敬献的鲜花。

即使在最简陋的住宅里，床之间内也会摆上花瓶，或者在旁边悬挂一节竹筒，也可能在房间上部的开放部分，或者一些装饰性开口的前面悬挂某种形式的容器，并在其中插上娇艳欲滴的鲜花。人们在街上经常会遇到卖花的商贩，而到了夜晚，花市就成了最诱人的景点之一。

插花是日本人礼仪教育的一部分，有专门的学校和教师教授这些插花的特殊规则和方法。在住宅内，还有很多特殊的位置适合摆放鲜花。正如我们所提到的，在床之间内通常会有一个放置鲜花的青铜或陶瓷花瓶。与美国不同的是，这种插花并不是将各种颜色的鲜花杂乱无章地混放在一起，而是只用少量同类的花卉，诸如一大枝樱花或梅花就足以满足日本人高雅的品位。

与其他方面一样，日本人在这一方面也展现了得体的礼节和无限的雅兴。他们对美国人采用的笨拙方法一定是深恶痛绝的——将颜色各异的花朵胡乱地绑在一起，没为绿叶留下任何空间：人们非常恰当地称其为花束，它就像一个色彩斑斓的毛线球。日本人则认为，粗糙的褐色茎秆和绿叶展现出的肌理和颜色与娇艳的花瓣搭配在一起会产生无与伦比的对比效果，会更显生机。然而，我们却已经习惯于愚蠢的做法，经常把自然而巧妙地生长在花茎上的花朵剪下，然后再用细线把它们串在一起，看上去就像制帽商用布料或纸做成的假花。而且，这样处理的花束经过几个小时就会凋零枯萎，失去生命的活力。

日本人在他们的花瓶里也展现了创造对比效果的完美技艺。在一个有品位的人面前去炫耀镀金或色彩绚丽的花瓶是没有必要的。日本的花瓶通常都是最简陋粗糙的陶器，釉面和轮廓也极不规则。这些厚重的花瓶具有结实的底部，可以承受很大的樱花树枝的重量。粗糙的花瓶与精致的花朵形成了奇妙的对比效果。这些被我们用来制造排水管和蜜糖罐的材料，在日本人手里却变成了迷人的花瓶。与我们的陶匠相比，他们的陶匠真的可以算是艺术家！

在这一方面，美国的艺术家和一些有艺术品位的人已经开始意识到这种对比效果的重要性。于是近年来很多人开始使用德国啤酒杯、中国的罐子等容器代替花瓶。尽管这些容器似乎不太妥当，但是放上鲜花后的效果却极为奇妙，远胜于那些欧美制造商专门设计制造的花瓶。一些以往常被扔掉的啤酒杯、瓶子或发黑的罐子就可以代替花瓶——这对我们的艺术行业真是莫大的讽刺！在今天，虽然很多"瓷器店"的货架上的确已经看不到那些华而不实的瓷器和恶俗的花瓶了，但还是有很多色彩和装饰极不协调的玻璃器皿，盛放着这些大自然赐予我们的娇嫩花朵。

除了摆放在地板上的花瓶之外，日本人还发明了一种可以挂在钩子上的花瓶——一般挂在立柱上，或者分隔床之间和违棚的隔断墙上，有时也会挂在角柱上。当房间内设置了永久性隔断墙时，花瓶一般挂在中间的立柱上。花瓶的悬挂高度基本上都在地板和天花板的中间位置。这些悬挂式花瓶的样子千奇百怪，使用的材料也是相当，包括陶瓷、青铜、竹子或木料。陶瓷和青铜制成的花瓶一般是简单的筒状造型，但是也会出现一些体现自然元素的造型——诸如鱼、昆虫、竹节等。

日本人非常喜爱古物，至少我认识的几个朋友都是这样，他们会给出土的破罐子装上圆环，以便可以悬挂起来作为花瓶。

有一种很奇特的花瓶，是用凹凸不平的树结做成的。人们可以在树木上任何生长怪异、畸形的部分挖出一个开口作为花瓶使用，其内部足够容下一个盛水的竹筒。这样的花瓶还会配上一些青铜小蚂蚁、银制蜘蛛网、青铜蜘蛛，以及做成蘑菇形状的珍珠

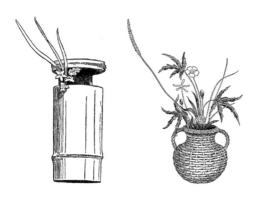

图192 竹制的悬挂花瓶　　**图193 悬挂式花篮**

作为装饰。这些古怪离奇的装饰物也经常出现在别的木制品上。

还有一种竹制的花瓶颇受欢迎。通过在花瓶侧面切出不同的截面，可以产生不同的造型。图192中就是一个造型别致但很常见的竹筒花瓶，主要用于举行茶道的场所，这幅插图也是我在欣赏一次茶道表演时绘制的。竹子是一种极好的盛水容器，因此在很多陶瓷或青铜的花瓶中都放置了一节用于装水的竹筒。

深褐色的篮筐也是一种深受日本人喜爱的花瓶，内部放着盛水的竹筒。图193展示了这种吊篮，篮内的鲜花是由一位爱好茶道的老陶匠布置的。很多类似的古老篮了被日本人视为珍品。在街头的花市上，人们经常会看到一些廉价的奇特装置，可以用来放置花盆。图194中就是一个这样的支架。它是在一块形状怪异的薄木板上固定了一段弯曲的树枝，并在树枝的末端固定了作为托盘的木块，上面可以放置花盆。木板的顶部开设了一个小孔，可以挂在墙上。两个固定在木板上的小夹板，夹着一张很长的硬纸条，纸条上经常写着脍炙人口的诗句。这些装置非

图194 廉价的花盆架

常廉价，即使对于最贫穷的阶层，只需花几分钱就可以买到。

在可以从上面悬挂的花架中，有一种颇为常见的形式——方桶，可以是木制的、陶瓷的或青铜的。横向切开的竹子也可以用作悬挂式花架。的确，这种奇特装置的样式似乎无穷无尽——葫芦、半圆柱形的瓦片、贝壳等应有尽有，在这一点上，日本人与美国人一样，他们也会用陶瓷和青铜仿制出这些物体的形状。

有一种形状古怪的花架，像一系列木桶，见图 195，这幅插画是在 1877 年的东京世界博览会上绘制的。它的构造十分巧妙，最下方大木桶上的三块木板向上延伸，分别构成了上方三个小木桶的一部分。然后，三个小木桶上各自有一块木板向上延伸，并形成了最上方木桶的一部分。另一种类似造型的花架也是出于同一位工匠之手，只是没有采用对称的形式，但是造型却更显怪异。

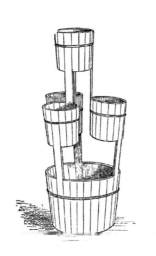

图 195 奇特的组合式桶状花架

还有一些新奇的草编容器也可以用来放花，或者更确切地说，花是放在容器里面的一节竹筒内。这些容器一般会做成昆虫、鱼类、蘑菇和其他自然物种的形态。我在这里提到它们并不是想证明它们有多么特殊的优点，只是列举一下普通百姓在装饰房间时所使用的物件。涂了漆的木架也会用来悬挂花瓶和各种容器。但是这些物品现在已经难得一见。

炭火盆和烟草盆

对于每一个日本家庭，无论地位的高低、身份的贵贱，炭火盆都是不可或缺的物品。炭火盆算得上一种容器，内部填充了一些细细的炭灰，使用的时候在里面放上燃烧的木炭。这个容器可以由青铜、铸铁、陶瓷制成，也可以是带有铜制内衬的木盆，或者在木箱中放入一个陶制容器。最为常见的炭火盆就是带有铜制内衬层的方形木箱，在铜衬和木箱之间填充了一层黏土或灰泥。还有一种很常见的廉价炭火盆，将没有上釉的黑色陶罐放入一个木箱即可（图196）。两根铁棒通过一个大铁环在一端连在一起，就构成了一把火钳，与筷子的使用方法类似。这些火钳一般插进炉灰中放置，或者放在固定于木箱角落的竹筒内。

图196 常见的炭火盆

为了方便移动，在青铜炭火盆的侧面装有把手或圆环。在方盒形的炭火盆中，相对的侧面都钉上了夹板作为把手，或者在侧面留着可以伸入手指的窄孔，如前面的图196所示，这种方式也更为常见。

青铜和铁制的炭火盆还充分展现了日本人的艺术创作灵感和精湛技艺。这种在日本普通住宅中司空见惯的物品，在美国会被视为古董和收藏品中的珍宝，即便木制的炭火盆通常也都是品位高雅的器物。我记得曾经见过一个用纹理丰富的木料制作的炭火盆，在它的内部，一端是几个放着烟斗和烟草的抽屉。在盆体的底部，有一圈深深的黑漆饰带，上面镶嵌着珍珠饰品，以及一些用铁屑表现出的各种姿态的骏马图案。它们的设计如此丰富多彩、别出心裁，令人感到不可思议。我在想，设计师也许是蒙住双眼后打开一部词典，然后把看到的第一个词汇作为创作主题吧。

图 197 木制炭火盆

图 197 展示了一种日本人很喜欢的木制炭火盆，它是由一块完整的橡木或别的硬木塑造而成的圆柱形火盆，其上的纹理经过特殊处理后呈现出浮雕的效果，内部有一层铜质的衬面。经过岁月的洗礼，它变得愈加亮丽，更加令人珍爱。

炭火盆是日本相当重要的家居用品，并且扩展了火炉的作用。人们将带有三个支脚的铁环或者铁网架在火盆上方，不仅可以放上水壶烧水，甚至还能用来烤鱼。它还是一个便携式的火炉，家人可以围在它的四周聊天、品茶或者暖手。在图 198 中，一个穿着厚睡衣的孩子正在这种炭火盆边取暖。我还经常看到日本人偶尔会心不在焉地用火钳在炭灰中搅拌几下，与美国人在壁炉前喜欢做的事一样。

许多家庭都会让炭火盆一直燃烧着，以营造和睦红火的家庭氛围。有人告诉我，在东京一个古老家族，他们的炭火盆已经燃烧了两百多年。

图 198 木制炭火盆

图 199 聚会时的炭火盆布置方式

人们在冬天聚会时，仆人们会事先为每位客人准备一个炭火盆，然后将其放置在客人就座位置前面的方布垫上。图 199 展示了聚会时炭火盆的布置方式。

不管是冬天还是夏天，当你去拜访朋友时，热情的日本人会先在你的面前放上一个炭火盆。即使在店铺里，也经常摆放着炭火盆，或者当客人进入之后再放到榻榻米上。

有一种外形更小的炭火盆叫作烟草盆（图 200），也经常被用来招待客人，为喜欢吸烟的客人带来了方便。它通常是一个方形的木盒，里面放着一个装满木炭的陶制容器，以及一段竹筒，有时竹筒会带着盖子。这个竹筒是一个手持的痰盂，日本人在使用它的时候姿态颇为优雅，或是把头转向一边，或是用手把嘴遮住。美国人也经常使用痰盂，但是与日本人相比，我们的使用方式却显得粗俗不堪。有时，烟草盆是

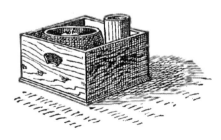

图 200 烟草盆

图 201 烟草盆

由橡树的树瘤做成的，其内部拥有自然形成的凹室（图 201）。在日本的画册中，经常会出现这种造型的烟草盆。图 202 展示了另一种形式的烟草盆，上面有一些古怪的装饰设计。为了给炭火盆添加热炭，还专门配备了一种浅铁碗（图 203）。铁碗的底部铆接着一个弯曲的铁片，铁片的两端固定在一块木板上。铁碗的侧面有一个插槽，里面紧紧插着一根木柄。仆人就是通过这个铁质的容器把燃烧的木炭带入房间。

当炭火盆放置妥当之后，人们习惯把木炭周围的灰烬堆成火山状，并在上面划出一系列的辐射状的线条。备用的木炭有时会放在带把手的木箱中，但是更多情况下是放在篮子里。这种褐色的篮筐造型极为雅致，呈现出岁月的痕迹，篮子里还放着两根用来夹炭的铜棒。一根竖直埋入灰烬中的木炭可以燃烧几个小时。木炭商还有一些新奇的方法可以充分利用木炭的小碎块，比如将木炭粉与某种海草混合在一起，然后将它们团成橙子大小的炭球。

图 202 烟草盆

图 203 盛放热木炭的铁碗

制作这种炭球的手法几乎与制作雪球完全一致。这些炭球在阳光下晒干之后，似乎具有很好的燃烧效果。人们在街边行走时，时常会看到这种被放在托盘中晾晒的黑色炭球。

日式照明工具

蜡烛与烛台

在煤油进入日本之前，日本人的照明手段极其落后。人们很难体会到当时的学生在学习中国经典著作时遇到的困难，因为他们只能借助蜡烛发出的微弱光亮看书。这些蜡烛是用植物蜡制成的，火焰的光亮暗淡并非常不稳定，如果再加上纸灯罩，光线就更暗了。相传在古代，学习中国经典著作的学生习惯在夜晚使用燃烧的香棒读书，香头发出的光亮非常微弱，必须把它靠近书的页面，一次只能看清一个字！

日本的蜡烛是用植物蜡制成的，烛芯是由纸卷做成的，与普通纸灯的点火器没有什么不同。这种蜡烛是空心的，可以插在烛台上大约 2.5 厘米长的铁钉上（在英国，这种烛台几个世纪之前就已经不再使用，但是在日本却沿用至今）。蜡烛顶端的烛芯是一个硬实的突起。当蜡烛快燃尽时，将它从烛台上取下，并放到新蜡烛顶端的突起上，然后再将新蜡烛插到烛台的铁钉上。通过这样简单的方法，所有的蜡烛都可以充分燃尽。日本还出产一种色彩艳丽的优质蜡烛，上面还绘制着精美的装饰图案。

蜡烛不仅可以用来照亮房间，还可用于上街使用的手提灯和住宅内的各种灯具。这些灯具上安装着一个方形或六角形的框架，

上面糊着灯纸，一端还有
一个短柄。

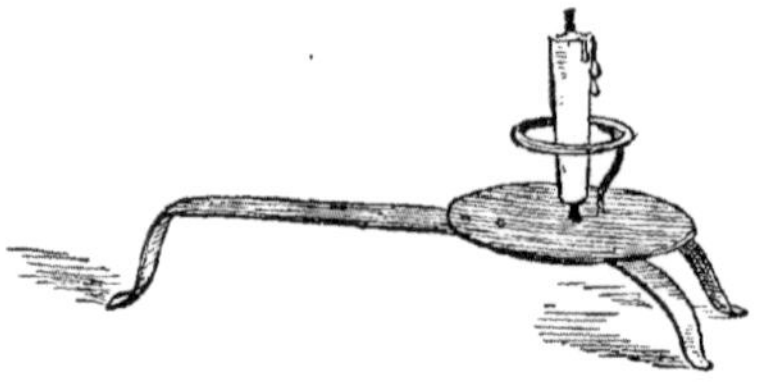

日本常见的烛台被称
为"手烛"，见图204。
它是一个铁制的粗糙物件，

图 204 铁烛台

三个支脚支撑着一个很大
的圆形托盘，可以防止熔化的蜡液滴到榻榻米上，蜡烛外侧还有
一个铁环，以防蜡烛翻倒。通过较长的支脚，人们可以轻易地将
它从地面上拾起。

另一种常见的烛台包括一个半球形的黄铜底座，其直径为
25~38厘米，一根超过60厘米高的黄铜竖杆立于底座之上，竖
杆的顶部通常是一个带有尖刺的杯状结构。这种烛台的外观可参
见图175。通过一个类似镊子的烛芯剪可以将烧焦的烛芯去掉，
仆人经常拿着炭火盆或者火钳，把取下的烛芯直接丢到炭火盆的
灰烬中。

在日本的日光市和一些著名的度假胜地，都出产一种风格质
朴、用奇特木料制成的烛台。与其说它是一种实用的照明工具，
还不如说是一种令人爱不释手的旅游纪念品。

灯盏与灯笼

日本的灯盏普遍采用浅碟的形式，里面盛放着可以燃烧的植
物油。灯芯是由纤长的棉线制成的，并用一个小铁环压住，小铁
环上还有一根短刺作为把手。灯芯燃烧的部分突出于浅碟之外，
随着燃烧，灯芯会在浅碟中移动。浅碟放置在一个铁制的圆盘或

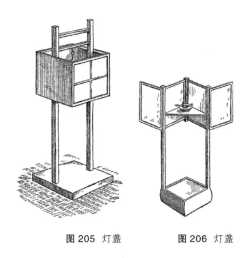

图 205 灯盏　　　图 206 灯盏

圆环上，这些装置都悬置于一个糊着灯纸的框架中。这种常见灯盏可见图 205，它的主体是糊着灯纸的方形框架，框架的顶部和底部是敞开的。框架的一侧装有可移动的盖板，当灯盏需要维护的时候可以向上拉开盖板。这个框架固定在两根木杆上，木杆下面的木座上有时会设置一个小抽屉，里面放着备用的灯芯和灯芯剪。两根木杆向上延伸到框架的上方，由两根横杆相连，上面的横杆可以用作提手，下面的横杆用来悬挂灯盏。这种夜灯发出的光亮非常微弱，也不够稳定，人们提着它只能勉强看清道路。

灯盏的种类很多，其中不乏构造巧妙的精品之作。有一种圆柱造型的灯盏由内外两个框架组成——外层的框架可以沿着底座的凹槽旋转，每个框架只有一半的部分糊上了灯纸，因此转动外部的框架时，可以形成一个开口，方便处理内部的灯盏。图 206 中灯盏的打开方式完全不同，装满灯油的浅碟放置在框架一角的小搁板上。

图 207 复制于一部旧画册，展示了另外一种形式的灯盏，它由一个精致的

图 207 灯盏和漆器支架

图 208 壁灯　　　　　图 209 灯盏

漆器支架和金属底座构成，顶部支撑着小巧的灯盏。

在过道和楼梯的顶部，灯盏常常固定在墙壁上。在大阪，我曾见过一种奇怪的灯盏（图208），它的框架通过折页固定在墙壁上的一块木板上（折页位于上方），框架可以像灯罩一样靠在木板上。当需要维护时，可以向上打开框架。在大阪的一个灯盏中，我还见过一个做工精致的铁艺构件（图209），可用来悬挂灯盏。

用陶瓷制作的灯盏极为罕见的。图210展示了我收藏的一件织部陶瓷灯盏。支撑灯芯的部分是倾斜的，顶盖的前部和后部带有缺口，以使灯芯可以从中通过。在同类收藏品中还有一个来自于伊贺国（今三重县西北部地区），如图211所示。它的灯芯是用某种纤维制成的，在放置灯芯的管状部分有一个小孔，灯芯可以穿过这个小孔移动。它的把手上有一个圆孔，使其可以挂在墙

图 210 陶瓷灯盏

图 211 陶瓷灯盏

壁上。这两个灯盏，至少是后者很可能是为支撑家庭神龛的搁板——"神棚"而设计的。

说到用陶瓷制作的灯盏，不妨加上人们偶尔会看到的陶瓷烛台。图212中的烛台也是我的收藏品，是采用尾张国出产的陶瓷制作的。

图212 陶瓷烛台

在靠近手水钵的地方，常会见到一盏外观古朴、典雅并带有锈迹的铁灯笼，通过链子悬挂在游廊屋顶的边缘。当它点亮之后，人们透过侧面的洞口可以看到极其微弱的灯光。在后面的图239和252中，也可以看到这种灯笼的外观。

图213 固定的街灯

在住宅的大门或门廊前面的细长立柱上，通常会固定着街灯。这种街灯的常见框架结构和灯笼如图213所示。它的高度不超过1.5米，在公共街道的旁边显得十分脆弱。实际上，在人流不息的街道上，它们是相当牢固和安全的，也突显了日本人温文尔雅的举止和风度。人们一定会好奇，这种精致的街灯在美国能保持完好状态多久？在那里，看似文明的人会经常在街边聚众闹事、破坏公物。面对这众多类似的对比，有心人都会深刻反思。

神龛与鸟巢

几乎在所有的住宅中，人们都能看到一个置于高处的搁板，它是一个奇特的小型建筑构件，被称为"神棚"。我经过仔细研究，可以证明它是用来摆放神道教神社模型的结构，或者摆放象征神道教祭坛特征的物件：一面圆镜。在搁板上面，神龛前摆放着一个或几个灯盏，以及几个托盘，盘子里有时会放上供奉的食物。如果神龛是盒子的形状，那么它的周围会有各种小型的黄铜支架，还有一些刻着文字的木简。简言之，这就是大型寺庙内各种用品的微缩版。高高固定在墙壁上的搁板与天花板靠得很近。在老宅中，这个区域常常是黑色的，这是被那些每晚都要点燃的小灯盏熏黑的，有些灯盏已经在那里燃烧了一个世纪之久。这些都是指神道教的神龛。

据我所知，佛教徒家庭中的佛龛更为华丽，并且放置在地板上。主要供奉佛像或者佛祖的某位弟子的塑像，也可能供奉一些其他神灵。还有人告诉我，大多数日本人都同时信仰这两种伟大的宗教，并供奉两种神龛。除了少数极为虔诚的信徒之外，几乎所有佛教徒的住宅内都供奉神道教的神龛。在日本，佛教徒甚至僧人都经常前往大阪的天主教堂，并在神坛和其他异教象征标志的前面鞠躬致敬。当人们想起基督教两大教派之间相互敌对的态度时，一定会觉得日本人对异教的宽容和慈悲态度有些不可思议。

佛教徒通常会在佛龛前献花和燃香，但是在神道教神龛前是不上香的。佛龛前会放置一些黄铜的灯具，或者一些吊灯。而神道教的神龛前面会点燃植物油做成的蜡烛。在一种手工制作的未上釉陶器——"土器"中，可以燃烧一种油，也可以盛放供奉的食物。还有一种形状特殊的椭圆形瓶子，是专门用来供酒的。这些瓶颈很长的瓶子被称为"miki-tokkuri",其中"miki"是供奉给神灵的美酒名称,而"tokkuri"则是清酒瓶的意思。住宅内的居民们经常在这些神龛的前面俯首鞠躬,并双手合十,以恳求的姿态诚心祈祷。据我所知,所有的日本住宅内都设有这种家庭神龛。在店铺内,人们也经常会看到神龛。在富人开设的大型店铺中,神龛是极为昂贵的物品。在东京的一间著名的丝绸店内,有一个大型的神道教神社模型,悬挂在固定于房梁的若干铁杆上,它的前面还悬挂着两个很大的金属灯笼。

图 214 展示了一个佛教徒家中的神龛,器皿中装着煮熟的米饭、糯米饭团和一些尚未熟透的桃子。在较低的搁板上,右边的角落里有一根红薯和一根萝卜,它们各由四个支脚支撑,看上去犹如小鹿或某种动物的玩具。它们到底是儿童的玩具,还是代表着诸神驾驭的神马,还有待确定。

图 214 家庭神龛

住宅中的鸟巢是孩子们自愿奉献和自然崇敬的家庭神龛。不仅在农村,即使在东京这样的大城市也是如此。这里的燕子几乎与欧洲的品种没有任何区别,它们虽然喜欢在住宅中筑巢,但是并不选择僻静之处,而是偏爱家庭中最热闹的房间,或者店铺中临街的一面,与车水马龙的街道相伴。鸟类在日本住宅中筑巢的现象非常普遍,从另一个侧面反映了日本人温和的行为举止,以及他们善待动物的态度。

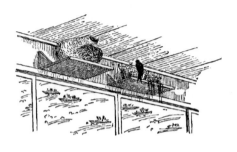

图 215　私人住宅中的燕子巢

当鸟在住宅中筑巢后，人们很快会在鸟巢的下面放置一块小搁板，防止下面的榻榻米被弄脏。鸟类在住宅中筑巢被认为是吉祥的预兆，观察鸟巢的构造和幼鸟的抚育过程会给孩子们带来极大的乐趣。我注意到，很多住宅内的鸟巢比暴露在外的鸟巢更加精致。从这些鸟巢的对称性结构看，人们几乎会认为这些鸟类已经掌握了人类的某些艺术本能。图 215 展示了一间私人住宅中的鸟巢外观。

厕所的装饰艺术

如果不做出一些隐私方面的暗示，对厕所的精心装饰无异于一种矫饰。因为在日本的住宅中，厕所也经常引起艺术家和工匠的关注。在日本贵族阶级的私人住所中，厕所的舒适度和安全性远高于美国大城市中许多豪宅中的厕所。在乡村，厕所的外形犹如一个方盒子，并且远离住宅，一扇平开门将入口的一半封闭。在城市的贵族阶级住宅中，厕所位于住宅的一个角落中，通常是在游廊的尽头。有时人们也会在住宅的两个对角处各设一个厕所。很多人都有一种奇怪的迷信思想，认为厕所在住宅中的位置尤为重要——这可能是受到中国风水学说的影响。

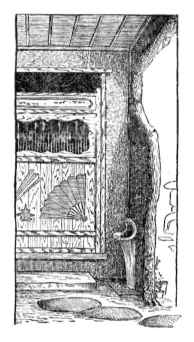

图216 浅草地区商人住宅中的厕所

厕所一般由两个隔间构成——其中一个隔间内设有木制或陶瓷的尿壶；尿壶的形状被称为"朝颜"，字面意思是"清晨的面容"，据说这是因为它的外形很像牵牛花（图216）。木制的尿壶中经常放着云杉的树枝，并要不断补充。在另一个隔间中，地板上有一个长方形的开口。在贵族阶级的厕所中，这个开口会配置一个盖子，盖子上还有一个长长的木柄。与这个开口相关的木工构件有时会经过上漆处理。这里还会为如厕的人们提供草鞋或者木屐。虽然这两个隔间内偶尔会出现令人称奇的细木工艺，但是内饰通常比较简单。厕所的外部以及周围的装饰往往呈现出非凡的技艺和高雅的品位。

图217展示了一种常见的厕所形式。图218展示的厕所位于日光附近八石村的一个客栈内。图中前景中的木板区域是游廊的一部分，还有一段与此部分形成直角的狭长平台，其边缘是用天然的树干做成的。图中左侧的角落中有一个小橱柜，天花板是由细木条编成的，下

图217 厕所的内部

图 218 日光市附近八石村的客栈厕所

方是竹制的护墙裙。通向第一个隔间的开口有一个用葡萄藤扭曲而成的框架，其他的一些框架结构也采用了自然形态的树枝。在这个拱形开口的后面还有一个开口，并安装着平开门。除了厨房楼梯下面的高橱柜之外，这也许是人们在住宅中唯一能看到平开门的地方。厕所的屋顶上覆盖着厚厚的小型木瓦，外面有一道小篱笆，篱笆的前面还整齐地种着一些美观的植物，这就是一个贵族阶级住宅中的厕所。显然，为了方便外国客人，这里还额外设置了一个支撑于四个支脚上的木槽，槽内放着一桶清水和一个洗脸盆。如前所述，手水钵是厕所普遍配置的设施，并带有悬挂着毛巾的毛巾架。

当一个西方人研究这幅在乡村客栈中绘制的插画时，他一定会以公正的态度去评论西方国家乡村的相似设施！

图 218 中展示了东京浅草地区一位商人住宅中的厕所。它的门板极为精美，上面采用颜色各异的木片镶嵌出各种图案，堪称细木工制品的优秀范例。这个厕所的内部也装饰的十分美观，并且格外清洁（见图 219）。

图 219 浅草地区厕所的内部

厕所的便池是由半个油桶或者一个沉入地下的大陶罐构成的，使用起来非常方便。每隔几天，人们就要把它清空一次。这些粪便在农业中的使用价值极高。有人告诉我，在广岛的穷人出租屋，如果三个人合租一个房间，他们产生的粪便价值相当于一个人的租金。如果是五个人合租同样的房间，粪便产生的价值可以免去所有人的房租！的确，这种粪肥的巨大价值和重要性对于日本农民是不言而喻的，因为他们完全依靠粪肥给农作物增加营养。为此，在乡村地区的公共厕所设施总是设置在路边，其形状犹如木桶，或者干脆就是半埋在地下的木桶。

第三章

开放的日式老宅

在美国，城市或者乡村中最普通的住宅都会有一个明确的正门。它拥有厚重的门板，华丽的托架支撑着大门上方的门楣，门前的阶梯同样装饰得异常夸张。而日本的普通住宅却与此相反，大多数住宅的入口通常极不明确。当人们进入美国的住宅后，首先会看到大厅或正面入口的楼梯，楼梯上还有造型优雅的曲线形栏杆和扶手。对贵族阶级的住宅，建筑师会倾注更多的关注和心血。然而在日本，即便是两层住宅，也看不到楼梯，最多只有结实、陡峭的木梯。另一方面，日本屋脊的造型千姿百态，是住宅外观中最为独特的地方。这些在前面已经介绍过。而美国的屋脊却只是一条连接线，犹如最简陋的雨棚。虽然我们在高楼大厦中做了一些微不足道的尝试，但是这些巍峨高耸的结构设计不仅毫无实用价值，而且就设计本身而言，更适合作礼物盒子的装饰包边。

我们已经习惯于带有台阶和栏杆的正门，以及某些矫揉造作的建筑装饰，因此很难想象一座住宅的正门会没有这些特征。然而，在日本普通百姓的住宅中，甚至在那些大人物的住宅中，入口往往都是随意而模糊的。人们可以从花园进入住宅，并在游廊上相互行礼致意。或者从厨房附近的模糊边界进入住宅，也就是住宅正面的一种"后门"。在其他住宅中，这个入口是通过一个铺有榻榻米的区域形成的。这个区域同别的房间几乎没有任何区别，只是高出地面的地板外部边缘距离屋檐的垂线有一定的距离，边缘与门槛之间是泥土地面。从泥土地面到地板有一两级台阶，台阶是由与房间宽度一致的单块木板构成的。此处的屋顶可能是山墙造型，因为这更能表示出入口的特殊地位。不过，这些定义模糊不清的入口并不只出现在所谓中、下层人民的住宅中，在中产阶级的住宅中虽然不乏标志鲜明、装饰华丽的入口，但也有很多住宅的入口定义非常模糊，很多人也许会怀疑这种说法。不过，我手中的两个住宅的平面图（见图97和图98）似乎可以作为证据。它们由日本建筑师绘制，从图中的一些房间可以看出它们绝不是普通人家的住宅。虽然我咨询过很多日本朋友，但是没有一个人能够明确地告诉我，到底哪里才是主入口！

玄关与大厅

在贵族阶级的住宅中，入口通常带有宽阔的门廊和特殊的山墙屋顶，正面还有精雕细琢的木饰，门的宽度与门廊相同。这里的地板由宽木板制成，其方向垂直于门槛。门槛上设有凹槽，用来安置防雨门。人们通过一两级台阶可以从这里的地板走到上层的地板，台阶附近的地板边缘开设了凹槽，可以安放障子。玄关的后部是一道永久性的隔断墙，打开两侧的推拉屏风，可以进入房间内部。玄关的侧壁镶有木制的墙裙，墙壁的上部是灰泥墙面。大厅内唯一的装饰品是被称为"冲立"的低矮屏风。在古代，这个屏风后面的墙壁上还会挂着一个奇怪的长柄武器，现在只能在博物馆中才能看到这种武器的复制品。冲立是不能折叠的，它的框架很粗并涂有油漆，横向的底架也非常厚重，表面也涂上了油漆。

在一些住宅中，玄关和大厅的地面完全是木制地板，经过抛光处理的台阶和地板表面如同象牙一般光滑细腻，像平静的水面一样反射出楣上饰和拉阖门的倒影。即使在这些地方，除了门廊和山墙屋顶之外，也没有什么特殊的构造能够标示入口的外部边界。

最外面的大门似乎才是最适合住宅的重要入口——装有沉重

图 220　住宅的主入口

的铰链门、门栓、门闩等。虽然大门往往是虚设的，但是十分显眼，粗壮的立柱支撑着由横梁和瓦片构成的顶盖，显得格外结实。

图 220 展示了图36 和图 37 中住宅的入口。这是一座武士的住宅，其入口可以作为贵族阶级住宅入口的经典范例。入口的左侧有一道灰泥隔断墙，把大厅和厨房隔开。右侧是一个小房间，将它与玄关隔开的是障子而不是拉阖门。这也许是一个用于等候的房间——当举行商务聚会时，仆人就在这里等候前来的拜访者。这个房间的后面是一些套房，与住宅后面的花园相邻。入口处还有一道门槛，人们跨过这道门槛就可以进入玄关。

门槛上刻有可以放置防雨门的凹槽，这样在夜晚时就可以将住宅关闭。当一所住宅有一个这样明确的入口时，经常会设有专门的设施存放外出时使用物品——雨伞、灯笼和木屐等。例如在普通的住宅中，为了节省空间，玄关内高出地面的地板上会有一些可以移动的木板，

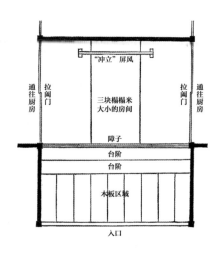

图 221　玄关和大厅的平面图

将它们抬起后，就可以在下面充足的空间内存放这些物品。

图 221 的平面图展示了贵族阶级住宅中常见的玄关和大厅布局。入口和障子之间的区域突出于房屋的一侧，形成了一个门廊。图中铺放着三块榻榻米的地面位于住宅的内部，平面图上的文字清晰标明了各个部分的功能。

图 222 鞋柜

在东京上野附近的一座老宅中，我见到过一个鞋柜（图 222）。只是简单查看了一下里面的各式木屐，我就发现他们与我们有着相同的走路习惯——有些人用脚跟蹬地，有些人以脚的侧面用力。鞋柜里放着各种尺寸和样式的木屐，还有学童穿的普通木屐，街上踩到的泥巴还粘在上面。最好的木屐，其侧面是漆面，拥有精磨的鞋底。鞋柜的一侧还挂着一些应急的鞋绳。

图 223 玄关内的灯笼搁架

在另一座住宅中，我见到一个位于拉阖门上方的搁架，用来放置家用的灯笼（图 223）。在这里，不妨提一下也许是众所周知的事实——日本人在夜间外出时，几乎总是提着灯笼。这些灯笼的外面绘有家族的族徽，或者写着住宅的名字。一些有经济头脑的人还会在灯笼上绘制精巧的广告图案。由于人们长期坚持这一习惯，所以即使在明月高照的夜晚也会提着灯笼出行。最令人啼笑皆非的是，人们经常会看到一些正在灭火的消防员手里也提着点燃的灯笼！这些灯笼可以折叠得很小，然后放入搁架上的厚纸箱中保存。每一个纸箱上的图案与放入的灯笼上的图案都是一致的。这样，家族的名称或标志就一目了然。这个玄关内的拉阖门上没有覆盖厚纸，而是镶嵌着纹理丰富的暗色雪松木板。

在大名的住宅中，入口总是以气势宏伟的独特屋顶为标志，作为支撑结构的大梁上带有精美的雕刻，有时还会有艳丽的彩绘，一切装饰都起到烘托这一重要区域的庄重氛围的作用。

店铺和客栈的门口如果定义明确的话，往往是一个巨大的方形开口，并且永远安装着整齐的木栅，其中的一部分可以卷起。这个开口的门槛离地面有一段很小的距离，人们跨过门槛后便进入到房间内的泥土地面，即"土间"。当人们踏上高出地面的地板后，木屐就会留在这块地面上。图 224 展示了一个店铺门口的外观。

图 224 带有格栅和滑动拉门的入口

游廊与阳台

游廊是日本住宅的重要组成部分。这个词汇本身起源于东方，很难想象一个东方国家的体面住宅会没有游廊。在日本的住宅里，游廊几乎就是房间地板的延续，但是比室内地板要略低一些。游廊不仅仅是一种奢华的象征，也是住宅特殊构造的必然产物。游廊障子的框架极为精致，上面覆盖的白纸相当于我们的窗玻璃，可以让自然光线进入室内。由于障子的这种特性，很容易被雨水毁坏。因此设有障子的地方必须位于屋檐以内 1 米左右的位置，或者可以在障子的上方建造一个防雨棚。因此，室内地板上的榻榻米只铺到这条边缘线为止，线外则是宽度不同的木板区域。在这个木板区域的外缘刻有一道凹槽，可以安放一组木制的屏风，也就是我前面讲到的防雨门，可以在夜晚或者暴风雨期间关闭。有时，雨水也会从防雨门之间的缝隙中打进来，虽然也会把游廊的地板弄湿，却很少能溅溅到障子上。

在普通的住宅中，游廊的外侧没有栏杆。但是在贵族们的住宅，游廊中经常会出现栏杆。游廊与房屋的大小成一定比例，因此其宽度也各不相同。在寺庙中——例如日光市的一些寺庙，游廊宽度可能为 3 米以上，并且涂着厚厚的油漆。在常见的住宅中，游廊区域的宽度在 0.9~1.2 米之间。参见图 97 和 98 中的平面图以及图 103 中的剖面图，可以弄清这种平台与房屋的关系。处理游廊有很多种方式，它总是支撑于粗制的木桩之上。与房屋中的立柱一样，这些木桩也立在部分埋入地下的单块石头上。游廊边缘与地面之间的空间几乎总是处于开放的状态，具体可参见图 37、48、49、50 和 95。但是，在京都的住宅中，有时人们会用简单的木板或者镶板把这个空间封上，并在某些位置安装可以在凹槽中来回滑动的面板，这样就可以在需要的时候进入地板下面的空间。

　　构成游廊地板的木板宽窄不一，窄木板的使用更为普遍，其铺设的方向与游廊的边缘相平行。但是，也有一些游廊的地板采用宽木板，铺设的方向与游廊边缘垂直。当游廊出现拐角时，木板的顶端采用斜接方式（见图225，A）或正接方式（见图225，B）。在后一种方式中，两个方向的木板交替突出，交接在一起。有时候，地板是由窄而厚的木板构成的，木板的边缘倾斜或者呈圆角（见图225，C）。在这种情况下，木板之间会留有较大的空隙。这种地板看上去具有纯朴而独特的效果，但是人们走在上面时的感觉可能就不太美妙了。在这种形式的游廊中，在凹槽中滑动的防雨门与障子往往离得很近。

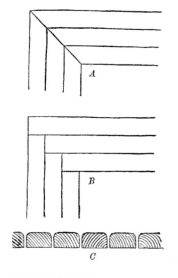

图225 游廊的地板

　　游廊距离地面的高度可谓千差万别，不过大多数情况下都很低，坐在上面的人可以舒服地把脚放在地面上。这时，只需要一块很宽的木板或石头就可以形成台阶。当游廊距离地面较高时，人们会在适当的位置修建两三级永久性或可调整的台阶。游廊台阶的常见形式如图176所示。图226是京都一所老宅中的游廊，属于游廊中的上品。从中可以看到支撑着宽阔屋檐的立柱和辅助屋顶的外观，还有或开或闭的障子，以及房间内部和一些其他细节。

　　游廊经常用于接待短暂停留的客人，那里会放置炭火盆、烟草盆、茶水和糕点。在夏夜，这里比铺着榻榻米的屋内更加凉爽，在花园的衬托下成为一个令人愉快的娱乐场地。有时，人们会沿

图 226 京都老宅中的游廊

着游廊的边缘摆放花盆，孩子们也可以在游廊上玩耍。它还为一排套房提供了通道，便于人们出入不同的房间，它也是进入住宅端部房间的唯一通道。虽然也可以穿过其他房间进入端部房间，但是房间内很少会设有内部通道或走廊。不用多说，游廊必定是一尘不染、极为干净的，木制地板也大多经过抛光处理。

位于二层的房间通常会有一个开放式的阳台，但是普遍比下面的游廊要窄很多，而且必须设有围栏或者扶手。阳台也是展现精美艺术设计和装饰的地方，与住宅其他鲜明的结构特征一样，即简单朴素，又经济实

图 227 阳台栏杆

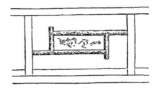

图 228　阳台栏杆和镂空镶板　　　　　图 229　阳台栏杆

用。这种带有结实的栏杆的扶手，其支撑扶手的立柱之间会填充着一些奇特古怪的构件，或者是格栅、竹框，或是带有镂空图案的镶板。比较普遍的做法是在立柱之间靠近地面的部分放置一根窄木条，以防掉落的物体滚到阳台之外。此外，这根窄木条是可以移开的，以便于清除灰尘和污垢（在图 227 中，标记为 A 的构件是可以拆卸的）。

图 228 中的阳台栏杆镶板来自松岛地区。在这个图案中，竹子的部分是镂空的，产生了优雅轻盈的效果。图 229 中的另一块栏杆镶板是藤泽地区的，每块镶板的镂空部分是姿态各异的飞龙图案，并由红松木条构成的框架固定在适当的位置。

令人惊讶的是，美国的建筑师通常不会在装饰中采用这种镂空的方法——清晰精确地切割出装饰图案，房间或远处空间的暗影使图案呈现出永久的色彩深度。日本人对这种装饰方法情有独钟，无论是室外还是室内装饰设计，他们都把这种方法运用得淋漓尽致，展现出匠心独具的创造性。任何图案——飞鸟、游鱼、波浪、旭日、鲜花和蝴蝶等，对于他们来说都

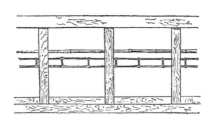

图 230　阳台栏杆

易如反掌。的确，整个绘画设计在他们眼中都是小菜一碟。在制作过程中，他们会使用布料或厚纸模板。这些也是墙纸图案印刷中常用的工具。

在阳台的栏杆中（图230），最为精致的构件是采用小竹竿制作的中部横档。在它的下方，是另外一个横档，是用纵向劈开的大竹筒制成的，还可以看到上面横向间隔分布的竹节。这种处理方式在精致的障子框架中较为常见，但是在栏杆的构造中却非常罕见。这种栏杆产生的精妙效果让人们意识到，能把如此脆弱的窗饰纳入暴露在外的结构中，这个国家的孩子一定性格温和、行为规矩。

阳台的栏杆通常建造得非常结实、牢固，如图231所示，该图是在京都一位著名陶器商人的住宅中绘制的。立柱的顶部是金属的，并在最上面的栏杆上每隔一定间距固定着一块金属板。

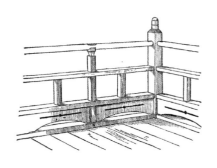

图 231 | 阳台栏杆

防雨门与"户袋"

在夜晚或者暴风雨期间，游廊通过防雨门关闭，它的外观犹如一个轻便的木制屏风，大小与障子相当。这些防雨门是通过带有几根横梁的轻质框架将薄木板结合在一起而构成的。防雨门安装在游廊外缘的凹槽中，到了夜晚，它们关闭后可以有效地使住宅处于封闭状态。在炎热的夏夜，闷热的屋内几乎令人窒息，但是很多住宅仍然会关闭防雨门，只在防雨门的上方留出狭长的开口用于通风。在冬天，这些开口会装上镶板御寒。在暴风雨或台风肆虐的日子里，防雨门关闭后的住宅内会显得非常阴沉、昏暗。

这些防雨门可能是日本住宅中唯一的噪声来源。在屋内没有砰砰的关门声，也没有吱吱作响的门栓，拉阖门的推拉也非常顺畅，人们赤脚踩在柔软的榻榻米上，像猫一样轻盈地四处走动。于是西方人常常会羡慕这里的安静氛围，认为这会缓解过度紧张的神经。每每这时，我都不禁会将这些与西方人沉重的靴子在地板上发出的咔哒声，或者孩子们在地毯上玩闹时踢出的灰尘进行对比。日本的住宅的确幸运地避免了所有这些令人恼火的现象。但是客观地说，仆人们在清晨将这些外部的木屏风推回原位时所发出的噪声可能会将人们吵醒，因为这个过程会发出很大的声响。在公共客栈中，这种操作几乎取代了敲钟击鼓的作用。因为不仅推动这些防雨门会发出巨大的响声，刺眼的日光还会突然袭向沉浸在黑暗之中的人们，令人痛苦不堪。

日本人有很多怪异的装置用于锁住或拴住这些防雨门。据我所知，住宅中的"夜锁"就是这个功能。这些装置极其脆弱，小偷用一根牙签就可以轻松得手。在日本人看来，美国的住宅一定是名副其实的监狱，每一扇门窗都上着锁、插销和自动锁扣，正门上的锁具更是神秘，无论在室内还是室外都很难打开。当他发现门垫、门前刮鞋垫、长柄勺、温度计等都用链子、螺栓固定时，大概会认为自己置身于一个关押盗贼之地吧。

日本人有一种用来锁住防雨门或滑动拉门的简单方法：在门板旁边的立柱上固定一个铁环，在防雨门的框架上也安装一个小

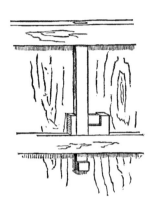 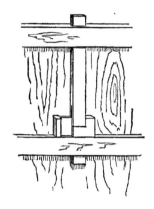

图 232 防雨门的锁具，
门闩打开的状态

图 233 防雨门的锁具，
门闩合上的状态

铁环，把两个铁环对在一起之后，再穿上一根木钉就可以把门锁住。
另一种形式的锁具由一个竖立的木门闩构成，用它同时穿过防雨
门的上部框架和下方的一根横杆。人们使用另一个木制构件把这
个门闩向上推倒适当的位置，这个构件同时还能防止门闩掉落。
图 232 和 233 可以帮助读者更好地理解这种巧妙装置的工作原理。
有时，人们会使用一根简单的木钉将最后一扇防雨门板固定在相
应的位置。所有这些锁具装置都安装在最后一扇防雨门上，当这
扇门板被锁住后，其他的门板也随之固定。

在老宅中人们会注意到，防雨门运行的凹槽外侧边缘上有一
些圆头的铁旋钮（图 234），这些旋钮以一定的间隔分布，其数
量与防雨门板的数量相对
应。它们的作用是防止有人
从外面将门板抬出凹槽并搬
走。如今，这些装置已经很
难见到。

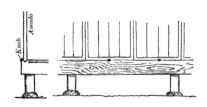

图 234 用于固定防雨门的旋钮

在靠近住宅入口的防雨门中，最边上的一扇门板上还开设了一个方形小门。这个小门可能是来回推动的拉门，也可能是安装在折页上的平开门。当住宅在夜晚彻底关闭后，这个小门可以作为唯一的入口。在紧急事件突发的时刻，人们穿过这扇小门就可以逃到外面，而无须拆除防雨门。因此，这扇小门也被称为"地震门"。

在夜晚，不仅仅是住宅的入口和游廊要通过防雨门关闭，就连窗户也不例外。而到了白天，这些门板和窗板则都被收入户袋之中。这些壁橱位于门口的一侧，或者就位于门板运行的凹槽外面。这些壁橱的宽度只能容纳一块门板，但是深度却足够放下封闭一个入口所需的全部门板。关于这些壁橱的位置可以参考图97和98中的平面图，以及图35、38、49和50中的住宅外观。可以在游廊、阳台、入口和窗口的侧面看到它们。

在第二层，房屋的一侧有时也会设有收纳外门的户袋，并与阳台形成直角。当防雨门被一扇一扇推走后，有必要把它们放到阳台的拐角处，也就是角柱的外面。为了防止防雨门推到角柱时滑落下来，会在阳台的拐角处固定一个小铁辊，它会提供一定的推力，协助防雨门转到另一侧的凹槽上。图

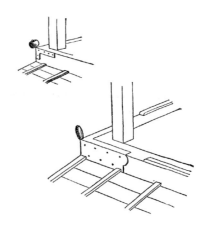

图235 用于防雨门的拐角铁辊

235展示了这种铁辊的位置以及两种结构形式，还需注意的是，在这一点上没有凹槽，因此无需将防雨门抬起就可以转到另一侧。

在普通的住宅中，外门壁橱是用薄木板制成的，外观很像挂在住宅侧面的浅箱子。在大型的客栈中，外门壁橱的正面通常是由整块的木板构成的，纹理极为丰富。壁橱的侧面有一个缺口，以便人们可以用手抓住每一扇门板的边缘，把它们拉到运行的凹槽中。一位仆人可以站在户袋的外面，快速地将一块块防雨门板放入凹槽并推开，仿佛沿着凹槽推动一列车厢。

外门壁橱几乎总是固定于住宅的一侧。但是，如果游廊上也以这种方式放置永久性的外门壁橱，有时就会遮挡室内的光线。在这种情况下，人们会在户袋上安装一个转轴，当门板被收入后可以将其转向，与游廊形成直角，靠在门廊或者附属建筑的侧面。在图 236 中，可以看到这种可以转动的外门壁橱。

图 236 可旋转的防雨门壁橱和手水钵

手水钵

手水钵似乎可以算是日本人清洁习惯的一个奇特证据。这个盛水的容器位于游廊尽头靠近厕所的地方，是一种仅用于洗手的设施。这个青铜或者陶瓷的洗手盆放置在某种支架或柱子上，其高度大约与游廊的边缘接近。从它的装饰和结构特征以及周围的环境可以看出该设施的重要性。有一种形式最简单的手水钵，将木桶悬挂在一根从游廊屋檐上垂下的竹竿上即可，竹竿上还挂着一个舀水勺（图 237），手水钵的附近还经常会放置一个毛巾架。最为常见的手水钵是将青铜或陶瓷的容器放在固定于地面的立柱上，立柱底部的四周散布着沙滩卵石和一些更大的石头。人们在洗手的时候，先从容器中舀出水，然后把水倒

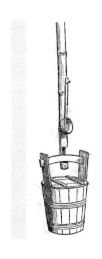

图 237 手水钵

在手上。这样，溅出的水就可以落到卵石和石头上并渗透到下面的泥土中，避免出现难看的水坑。在形式简单的手水钵（如图 49 所示）中，地上的卵石被围在一个由瓦片构成的边框中，这个边框有时是三角形的，有时是圆形的。

作为这些容器的支撑物，一些极其古怪的装置发挥了作用。它们可能是一段树干，上面还有伸展的树枝、摇曳的树叶和花朵；

图 238 手水钵

图 239 手水钵

也许是一根来自某些旧建筑的雕刻大梁（如图 236 所示）。图 238 展示了一种深受日本人喜爱的支撑物，位于东京郊区一位绅士的住宅中，是由古老沉船上的舵柱构成的。大多数的容器是由青铜制造的，人们偶尔也会看到一些罕见的古老样式，上面布满了铜绿，并使用竹管将水引出，持续不断地流到卵石之中，形成溪流。

很多手水钵是由沉重的石块构成的，顶部的凹陷部分用来盛水。这些石头的造型也是变化无穷，可能是粗凿的石头，也可能是方形的石柱，或者是石拱造型，顶部带有盛水的凹陷部分，的确，这些手水钵的设计体现了各种别出心裁的创意。不过石质手水钵最为常见的造型是圆柱形（图 239），还有一些形状犹如石瓮（图 240）。但不论是哪种形式，它们一般都是由整块石头做成的。

通常，石头制成的手水钵会有一个带有顶盖的小型木框架，以防枯叶落入水中。在用于举行茶道聚会的小建筑入口附近，经常会看到奇形怪状的大石头，顶部带有盛水的深洼。在这种情况下，石头往往是直接放在地面上的。

在大部分时候，手水钵距离游廊的边缘并不远，人们可以轻

图 240 手水钵和小平台

易地够到放在容器顶部的舀水勺。在较为复杂的环境中，游廊的边缘之外会建一个小平台。这个平台的表面由竹竿或者圆形、六角形的木条构成，平台的边上还有栏杆扶手，上方还经常挂着一盏古老的铁灯笼，在夜晚为洗手的人提供照明。图 239 展示了这种平台和手水钵的外观，它们所在的住宅属于京都一位著名的陶匠。在京都一个古老游廊的插图中（图 226），展现了一位正在洗手的日本人。

　　与住宅的其他设施一样，手水钵也展现了极高的艺术和独创性，使这个角落洋溢着精美、雅致的艺术气息。稀有的木料和昂贵的石头融入它的构造之中，美丽的花卉、攀爬的藤蔓和矮小的松树簇拥在它的周围，一切都显得浑然天成。此外，还有很多书籍专门介绍这种设施的各种建造方法。

　　这些几乎无处不在的手水钵很好地表明了日本是一个有着整

洁干净习惯的民族，这不仅表现在住宅和客栈之中，即使在城市最繁忙的公共场所——人头攒动的火车站，也不例外。

老宅大门

尽管住宅本身的入口并没有太多的建筑特色，但是临街的大门却得到了建筑师的格外关注。很多大门的设计和结构都十分引人注目。与篱墙一样，这些大门也是样式各异，有的略显轻盈，有的则结实厚重。位于街道两旁的大门通常是最为坚固的结构——不仅装有严密的木栅，上方还有厚重的屋顶。这些大门往往会涂成黑色，显得格外庄严肃穆。然而无论怎样，这些大门都是新颖别致的建筑结构。即使是城市住宅的大门，人们也经常能领略到质朴的乡土气息。虽然有些大门的外观显得有些脆弱，但是人们很少见到倒塌或者摇摇欲坠的大门。很多大门是用轻薄的材料建造的，但立柱采用了坚实的木料，并在后面得到了辅助立柱的支撑，上方还有粗实的横梁。大门的框架通常是用古老的旧船板或扭曲的粗壮树枝建造的，上面固定着带有编织条纹或镂空图案的精美镶板，镶板中心的肋条是由扁平的暗色竹条构成的。所有这些在设计、材料和效果上的强与弱、粗与细的对比都令人惊叹不已，展现了日本建筑的无穷魅力。

大门的类型分为很多种。人们在城市中会看到一种类型的大门，它构成了封闭的住宅的一部分，这种大门普遍都结实而沉重。围绕着住宅的墙壁是用砖瓦、泥浆和灰泥建造的，显得高大而厚重，上面也开设了很多与此类似的大门。另外一种大门的两侧高耸着

图241 屋敷建筑的大门

封闭的木制篱墙或竹篱，看上去非常轻盈。还有一种大门经常出现在花园的篱笆之内，看上去就要轻柔、纤细得多了。

在前面的内容中，我们还没有探讨过构成住宅入口的大门。图241给出了这种大门的粗略外观。图中的大门属于一座小型的住宅，位于东京的九段附近。由这个大门可以进入一排结构低矮、厚重结实的建筑。在大门的侧面设有一个狭窄的小门供人们日常进出使用。大门的一侧还有一个装有栅栏的窗口，屋内的看门人透过窗口可以清楚地看到任何进出的人员。大门前面是一道窄而深的水渠，上面有一座石桥。实际上，大门并没有看上去那样坚固，这是因为门板上镶嵌的圆头螺栓十分显眼，通常会给人以结实、牢固的假象，其实它们是用很薄的金属片制成的，只是轻轻地附在门板上。各种横梁上宽阔的金属带、

图242 从城市住宅内部看到的大门

插槽和镶边都是用同样的铜片制作的。这种大门通常被涂成黑色或亮红色，在古时候还经常饰有精美的彩绘和金属饰物。

城市贵族阶级住宅的大门则是另外一种类型的，图 242 中的大门就是一个典型的实例。图中展示了从内部看到的大门外观，并显示了通过额外的立柱和支架加固门柱的方法。一根粗壮的木顶梁将双开的大门固定在一起，这与美国的大门是一样的。在这种大门上还经常会设有一个小型

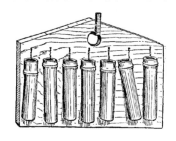

图 243 门铃装置

的拉门，它的下部边缘距离地面 30 厘米左右，整体高度足够一人弯腰通过。对于一个西方人来说，要想毫无磕绊地进出这个拉门，并且不碰掉帽子，就需要相当的技巧和大量的练习才行。当这扇小门被拉回原位时会碰到一个铃铛或者一串悬挂的铁片，发出叮当的响声，以提醒屋内的仆人。有时，这个辅助性的开口上安装的是平开门板，而不是滑动拉门。在这种情况下，会在门上挂上一块木板，并在上面绑上一些短竹筒。当门板移动时，这些装置会发出巨大而奇怪的咯咯声。图 243 展示了这种原始而巧妙的门铃装置的外观。

人们还设计了多种奇特的方法锁住大门上的这个滑动拉门，其中一种如图 244 所示。图中的左侧是门板的一部

图 244 大门中小型滑门使用的门闩

图 245 城市某临街住宅的大门

分，一个悬挂在大门上的木块被一个可以滑动的门闩别在滑动拉门的边缘上，当门闩被拉回原位时，木块也向下转回原位，这时就可以拉动滑门。不过，文字描述很难清晰地说明它的工作原理，参考图 244 可以更好地理解这种装置。不仅这些较大的大门上设有这些小门，店铺和客栈的临街大门上也有这样的小门，或是铰接的平开门，或是带有滚轮的滑动拉门。这种小门也是一种"地震门"，当危险突然发生时，人们可以由此逃生。因为在摇摆的建筑中，较大的门板或者防雨门可能会被卡住而难以打开。

图 245 中的大门位于临街的住宅，这里毗邻东京上野公园的池塘——不忍池。它开设在住宅高大的木墙之中，造型非常简单。双扇的门板是由整块的薄木板制成的，上部是一个狭窄的面板，上面有镂空的装饰图案。一个轻便的顶盖位于整个大门的顶部，由两个支架固定在相应的位置。这是一个简单却独具魅力的大门。在该图中，还展示了极为耐用的篱墙构造方法。可以看到结实的木门槛支撑在平整的石头上，而

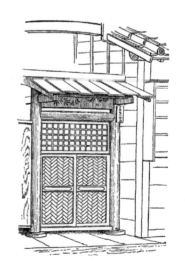

图 246 城市某临街住宅的大门

图 247 东京附近的某住宅大门

这些石头也是以低矮的石壁为基础的。此外，木板底部边缘和门槛之间的空隙体现了篱墙结构的共同特征。大门的一侧有一个安装了栅栏的开口，站在外面的人可以在此与院内的住户交流。

在图246中，可以看到一个更为精致的临街大门。在这个大门中，其中一扇门板可以在另一扇门板背面的凹槽中滑动，而后者是固定不动的，这些门板是由很薄的雪松木片编成的。在两扇门板的上方是一个木制的格栅。两根圆形的门柱上方连接着一根圆形的横梁和一块宽而薄的木板，木板上是优雅的镂空装饰图案。大门的顶部是由很薄的宽木板构成的，支撑并固定于穿过门柱的横向托架上。钉在门柱上的门牌是用薄木板制成的，上面写着住户的名字。

图247中的大门位于东京附近，坐落在志波通往品川的道路旁边，它的非凡之处在于优美的比例和纯美的设计。两根门柱是用剥去树皮的天然树干构成的，除去树枝后留下的突出部分还依稀可见。大门顶部的横梁经过特殊的设计，两端呈现出略微向上

图 248 带有特别横梁的大门

弯曲的造型，就像在牌坊中看到的那样。这根横梁有三个经过切割的表面，其中一个位于下面，另两个在侧面与门柱相对应。这些切面与不规则的树干组合在一起时产生了新奇的效果，形成了形如波浪的不规则切面。在这根横梁的下方是一块黑色的虫蛀木板，来自于旧船的残骸。木板的正下方是另一根横梁，其形状如同一根巨大的绿竹。门板本身由一系列的窄木板构成，木板之间的距离不到两厘米。在木板之间的缝隙中有四个横向连杆。在门板的一角，有一个较小的方形辅助入口。大门的两侧各有一道由木板构成的翼墙，墙的顶部是沉重的木杆。这些翼墙与整齐的竹篱相连，支撑着竹篱的石基同时也构成了街边水渠的内壁，一座采用沉重琢石建造的石桥横跨在门前的水渠上。大门正前方的地面上放着一块形状不规则的板石，上面可以看到在矿脉中形成的天然裂纹，这块石板的周围铺满了圆形的沙滩卵石。这个大门极具魅力，我觉得美国许多避暑别墅不采用这样的大门（竹子除外）真是毫无道理可言。

图 248 中展示的另一个大门虽然不是特别漂亮，却体现了日本人的许多奇思妙想。这个大门顶部的横梁是一根巨大而弯曲的

枝干——大概是从森林中的某棵树上掉落之后被拖到这里的。这
种采用弯曲的枝干作为大门拱顶的特殊方法颇为常见。

图249中的大门是东京郊区和以南地区常见的形式。它的顶

图249 乡村的某住宅大门

部非常庞大复杂，但是并不
沉重。大门采用了高悬的树
皮顶部，脊部由两组横置的
大竹竿构成，由于用树皮制
作的马鞍状结构很厚，并横
跨在顶部，不仅每组竹竿之
间是彼此分离的，它们与门
顶也是分离的。所有这些结
构被一种纤维须根做成的绳
索绑在一起并固定在大门的

顶部，这些绳索的尾部被拧成一种羽毛状的饰物。一些较小的竹
竿以一定的间隔放在顶部檐口的附近，屋顶下面的椽子具有不同

图250 东京地区田园风格的花园大门

图 251 东京地区田园风格的花园大门

的尺寸，其截面形状也是或圆或方。图 249 会帮助读者更全面地理解这一结构。

图 250 和 251 展示了东京大型皇家园林中具有田园风格的大门。在第一扇大门中，两根粗糙的原木构成了门柱，每侧的篱墙都是由三根一组的竹子和粗木交替构成的。这是一个十分简单的大门。另一扇大门拥有光滑的门柱，并装有轻便的木编门板，两侧的篱墙由芦苇竿做成。这些大门和篱墙为花园注入了令人轻松愉悦的效果。

在宫岛村，来自林中的小鹿经常在街上游荡。为了防止它们进入住宅和花园，人们会在通道上安装最轻便的栅栏门，并用绳子或长竹竿将一个重物悬挂在门上。这个重物有着双重的目的，一是使门保持关闭状态，二是当作一种敲门装置，当有人前来时可以敲击它，发出的响声可以吸引仆人的注意力。

大型的折叠门是通过横杆固定在大门上的，这与美国使用的方法没有什么不同。对于轻型的折叠门，人们会用钉子将一个铁环固定在门板上，然后再将铁环套到另一个门板的把手上，或者钉在另一个门板上。在住宅中，人们经常会看到这种大门被废弃后的痕迹，并会了解到在过去的时代，这种大门只是在极为重要的特殊宾客来访时才会使用。

图 252 花园大门

　　花园大门的形式也是千差万别，很多大门是由最轻盈的柳编面板构成的，这是为创造精美别致的效果而专门制作的。其他形式的花园大门虽然也具有相同的功能，却更为结实坚固。图 252 展现了一个颇具古韵的花园大门，穿过该门可以进入远处的另一个花园。这个大门看上去有些弱不禁风，但是在将近四十年的岁月中一直安然无恙。门后的右侧是用于举行茶道聚会的屋子，悬挂在左面的大鱼是木制的，当人们敲击时，它会发出清脆的声音。实际上，它相当于一口钟，在适当的时刻用来召唤人们从客房前往茶室。这里的主人是一位老师和茶道大师，也是一位著名的古籍专家。

篱 墙

篱墙的设计和结构可谓样式繁多，似乎永远取之不尽。其中一些是坚实耐用的结构，另一些则显得轻盈无比。一些采用坚固的框架和沉重的木桩建造，另一些则采用芦苇竿和竹竿修建。

此外，还有无数介于这两种形式之间的篱墙。这些篱墙结构还体现了材料的多样性——厚重的木料、轻薄的木板、红松的枝干以及各种竹竿、芦苇、树枝和柴捆。实际上，芦苇捆，乃至所有可以束成捆或者可以承受自身重量的植物都可应用于这种篱墙的构造。

这些篱墙有很多特殊的名称，或者源于它们的形状，或者源自它们的建造材料。因此，一种从房子或墙壁的侧面伸出的篱墙被称为"sode-gaki"，其中 sode 意为"袖子"，gaki 意指"篱笆"，即"袖篱"。也就是说，这种篱墙的造型与日本连衣裙奇特的长袖有着惊人的相似之处。采用竹子建造的篱墙叫作"竹垣"；使用制作牙签的香木修建的篱墙被称作"钓樟篱"，等等。

日本的篱墙有多种分类，其中经常提到的一类将住宅所占的地面完全包围在内。在城市中，这类篱墙通常很高，大多采用木板建造，并以牢固立于石基之上的框架作为支撑。在乡村，这类篱墙只不过是一排竹竿，属于较轻的结构类型。很多篱墙都具有很强的装饰作用，可以在某些区域构成棚架；或者从住宅的侧面以及更耐用的篱墙或墙壁的侧面伸出，构成一个小型的屏风。这种篱墙的设计创意是永无止境的。

让我们更详细地研究一下日本主要的篱墙类型。与美国一样，简单的木板篱墙包括上部和下部的横拉杆，并将木板钉在上面。

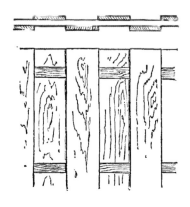

图 253 普通的木篱墙

人们对普通的木板篱墙做了一些实用的改进,上部和下部的横向拉杆采用了 7.5~10 厘米宽的厚木板,将其两端钉在篱墙的立柱上。然后在横向拉杆的内、外侧交替钉上这些墙板。交错出现的墙板不仅产生了独特的美感,同时还起到了降低风速的实际作用,当暴风吹来的时候,可以从墙板和栏杆之间形成的空隙中通过,如此便削弱了风速。图 253 展示了这种篱墙的一部分,以及从上方看到的截面外观。

沉重的木桩篱墙是通过每根木桩上的榫卯结构建造的,每根木桩都包含一个结实的方形榫卯构件,将横杆从中穿过后,就可以把每根木桩钉在地面上合适的位置。很多这样的篱墙拥有两根距离很近的横向拉杆,并将木桩的底部固定在基础结构或者基石上,这些基石高出地面 2~5 厘米,并以一定的间隔放置。通过这种处理方法,基石起到了防止木桩遭受虫害和地面腐蚀的作用。图 254 展示

图 254 木桩篱墙

了这种篱墙的外观。如果每隔 60 多厘米打入一根立柱,并将这些立柱与横杆固定在一起,会使这种篱墙更为牢固,可参见图 242 中的大门结构。

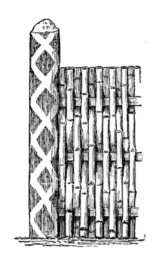

图 255 一种耐用的竹篱类型

还有一种竹制的篱墙非常耐用和实用，优雅的竹竿与木制的横杆完美地交织在一起，竹竿凭借自身的弹性固定在相应的位置，如图 255 所示。在图中的左侧可以看到支撑着篱墙的立柱，它位于大门的一侧，是由一根去掉了树皮的天然树干制成的，呈现出奇妙的风韵。立柱以褐色为主色调，上面设计了螺旋的菱形装饰图案，很像常见的理发店标志。这种图案是烧制而成的，炭化后的木制表面不会吸收水分，颜色也会保持不变。我从一开始便十分好奇这些规整的图案是如何烧制而成的，最终解开了其中的秘密：人们首先将又长又粗的绳索或者稻草编成的带子浸在水里，然后以螺旋的形式将它们从两个方向缠绕在立柱上，形成菱形的图案，之后用烧热的木炭熏烤立柱，于是没有湿绳索或稻草带保护的地方就会被烤焦。这种方法既简单又巧妙，不仅形

图 256 箱根村庄的篱墙

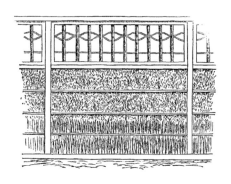

图 257 质朴的花园篱墙

成了永远不褪的深褐色，还留下了清晰的装饰图案。

很多住宅之间的空地上也建有篱墙，并与花园相邻，这种篱墙的装饰方法也多种多样。图 256 中展示的篱墙非常坚固耐用，位于箱根的一个村庄。这种篱墙的立柱和支架通常是用天然的树干制作的，并用结实的木钉固定在一起。横杆也是由同样的树干制成的，只是进行了一些雕琢。同时，篱墙的横向拉杆结构中还加入了一些细小的竹竿。

图 257 是在东京绘制的，展示了另一个更具装饰性的篱墙。篱墙的下部填满了大量的细枝，并由纤细的横杆固定在相应的位置。而上部的墙面是由红松的枝条和柔软的藤蔓编织而成的，构成了一种造型简单的格架。

袖篱展现了最具独创性的设计和构造，它们的多样变化似乎永无穷尽。我读过一部关于这种篱墙的日本专著，里面介绍了数百种不同的设计方法——方形或弧形的顶部、圆形或凹形的边缘、镂空的面板，

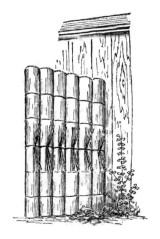

图 258 成捆芦苇杆构成的袖篱

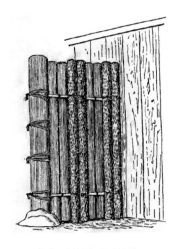

图 259 芦苇和树枝构成的袖篱　　　　**图 260** 芦苇杆袖篱

以及千差万别的微小细节。这种篱墙总是建在房屋的一侧，或者从更为永久性的篱墙和墙壁上伸出。它的长度很少超过 1.5 米，主要作为装饰性结构，尽管时常有助于遮蔽一些希望隐藏的住宅特征。

图 258 中的袖篱由一捆捆圆柱形的芦苇杆构成，这些芦苇杆是用黑色的纤维须根绑成捆的，同时运用竹竿将它们固定在一起。每一捆芦苇上都绑着一些柴把，产生了奇特的装饰效果。在图 259 中，芦苇捆和树枝捆分别以成对的方式交替固定在横杆的两侧，横杆是用竹竿制作的。这段袖篱从木板篱墙上伸出，一直延伸到外侧的立柱。在另一种形式的篱墙中（图 260），其顶部包括一捆结实的芦苇杆，它们是用很宽的黑色纤维绑带捆在一起的，在这种篱墙中经常会用到这种绑带。在芦苇捆的下部，悬挂着大量褐色的芦苇杆，像瀑布一样垂向地面。在美国的花园中，完全可以引入这种篱墙，因为芦苇、草杆等材料在美国可以轻易获得。在木篱墙上，经常会看到一种小窗口，上面安装着突出在外的防护

图261 篱墙上装有格栅的窗口

格栅（图261）。

除了上述这些描述并配有图示的篱墙之外，还有一些采用砖瓦和灰泥或泥浆的混合物建造的围墙，更为坚固和耐用。这些墙壁都建立在石基之上，底部的宽度在60~90厘米之间，高度可达5.5米或者更高。在如此高的部分，墙壁的厚度不会超过60厘米，顶部还覆盖着瓦片，犹如一个小型的屋顶。这种墙壁的内部填充了砾石和碎瓦片，而外部覆盖的瓷砖和瓦片则排列得层次分明、错落有致。大型的封闭建筑，普遍被这样的墙壁包围着。

第四章

秘
密
花
园

与住宅一样，日本的花园与美国的花园所呈现的特征是格格不入的。对于美国人来说，要么去模仿某种法式风格修建花园，要么建造一些零星或规整的花坛，也会在路边修建一些狭窄的花坛。即使是这样的尝试，一般也只是在开阔的区域进行。在我们的普通住宅周围，也会看到很多更小的花园，除了少数例外，大多是杂乱丛生的灌木，或者在给定的区域内将各种花卉胡乱地聚集在一起。当冬天来临时，除了满目的枯枝烂叶和许多丑陋的绿色格架之外，几乎什么都没有留下。

因此，由于美国人近年来逐渐产生的健康意识和色彩和谐的理念，传统的花坛被无情地抛弃也就不足为奇了。现在，这些藐视自然的徒劳尝试大多已经进入坟墓，坟头上早已青草丛生。至少，青草作为替代品不仅令人感到清新悦目，而且几乎不需要太多的照顾，只是操作机械割草机要花费些力气。然而，这种替代更像是对无能和无知的一种忏悔——正如一位装饰者费尽九牛二虎之力在天花板上绘制完壁画之后，为了放弃这些令人厌恶的图案，只好将整个天花板涂成一种颜色。

日本花园的秘密在于，他们从不做过多的尝试。在这里，人们不仅可以感受到这个民族在装饰方面的矜持、得体的气质，还可以欣赏其他完美的艺术作品。此外他们还发现，在众多从记忆中转瞬即逝的花园景观中，必须添加一些令人回味无穷的景点——池塘和小桥、奇形怪状的石灯笼、刻字的岩石、凉亭、乡土风格的篱笆和采用石头或卵石铺成的幽径，以及常绿的树木和灌木。实际上，我们也一直进行着软弱无力的探索，于是出现了水泥花瓶，绿色有毒化合物做成的凉亭，铸铁喷泉等。随着设计者精神的不断错乱，这样的设计已经无法再让我们目瞪口呆了。在美国人所喜爱的喷泉中，很多都采用了站在水盆里的两个小天使造型，并且都是用铸铁制造的。小天使的头上撑着一把铁片伞，一股水流由此喷出。在干旱的夏季，当两个小天使每天都享受着这种淋浴的时候，喷泉周围的草地却变得枯黄，一切都像是被烤焦了一样！

日本人的园林艺术已经达到了完美的境地，即使在一块只有60平方厘米的地面上，他们也会想方设法创造出精美别致的景观。那些在美国经常堆满煤灰、茶渣、罐头盒和垃圾桶的地面，在日本人手中也会以最简单的方法改头换面，令人眼前一亮。简单的花园具有简洁的形式，通常会点缀着一些小型的常绿灌木和一两丛花卉，乡村风格的篱墙从住宅的侧面伸出，一两个形状奇特的花盆中栽种着精选的植物。日本人创造了无数令人赞叹的花园和景观效果，以致最小的地面也会得到充分的利用。在人口拥挤的城市，人们在穷人住宅中的一角会看到一小块土地（即土间），它位于门槛和高出地面的地板之间。人们在这里利用一个较浅的箱子，或者地面本身就可以做成一个微型的花园。在任何精心修饰的花园中，轮廓不规则的水塘或者水洼都是必不可少的景观。如果能有一条小溪流过花园，花园将会更为迷人，并有望创造一个小型的瀑布，再辅以岩石碎片和圆石，一个风景如画的溪流景观便呈现在人们眼前。小巧质朴的石桥和木桥横跨在溪流之上，就连最小的池塘上方也经常会出现精致的小桥。花园中还经常会出现一些小丘，甚至高达 2.5 米的小山，蜿蜒的小径贯穿其间。

在更大的花园中，这些小山的高度有时可以达到 9 米，甚至12 米。这些小山都是在平地上建造的，花费了大量的人力、物力和财力。这些小山的顶部有一座带有茅草屋顶的瞭望亭，在那里可以远眺富士山的顶峰。在更大的花园里——大约方圆数十米，遍布着池塘和小桥、小山和曲径；各种灌木被修剪成大小各异的球形，在奇形怪状的松树上，曲折的枝叶几乎贴到了地面——所有这一切都出自技艺高超的园丁之手。这些花园几乎是普通人家花园的十倍之大。

石碑与石灯笼

奇形怪状的石头和巨大的岩石板条构成了所有花园的重要特征。的确，正如美国的花园永远不会没有鲜花一样，很难想象一个日本的花园会没有这些怪石。例如在东京，城市的附近没有适合花园装饰的岩石，这些石材是专门从七八十千米之外的地方运来的。在一些石场内，人们可以观看和购买各种岩石，例如我们经常用来建造地下室墙壁的粗石，以及被海水侵蚀的各种形状和颜色的石头。日本人在花园装饰中对石头和岩块情有独钟，以至于出现了各种以园林石景为主题的作品，以图文并茂的形式对其进行了细致入微的描述。本书中将要出现的日本花园插图复制于一部名为《筑山庭造传》的日本图书，在这部18世纪早期的作品中可以看到园林设计中的各种石景布局。

石碑与某种类型的墓碑大同小异，从矿层中开采时留下的粗糙裂痕仍然清晰可见。这些石碑通常竖立在花园中，碑面会适当地刻上一些铭文。图262就展示了一个这样的石碑，它位于大森

图262 花园石碑

一处著名的茶园，那里以满园的梅花而闻名。碑上的文字翻译过来的大意是："看到梅花，作诗的灵感犹如泉涌"，表达了环境对激发人们诗意的作用。这块石碑立于一个低矮的土丘之上，周围点缀着古松和灌木，一些石阶通向它的正面。这幅插画显示的石碑外观具有一定的代表性。

石灯笼是花园装饰中最为常见也是最重要的配饰之一。的确，人们很少会看见一个没有这些奇特装置的花园，即使最小的花园也不例外。它们通常是用质地较软的火山岩制成的。它们很像坚固的石柱，只是轮廓更加多样，有圆形、方形、六角形和八角形的；或者上部是六角形的，而下部却是圆柱形；或是由水磨岩石塑造的不规则造型。它们的上部被挖空，并留下各种形状的装饰性开口。在特殊的场合下，这个空洞中会放置一个灯盏或一根蜡烛。它们一般由两三个部分构成，并且至少分为三种类型：第一种是矮而宽的石灯笼，其顶部的形状类似蘑菇，并普遍具有三四个支撑腿；第二种是高而细的石灯笼；第三种形式的石灯笼由很多部分堆积而成，看上去如同高高的宝塔。

石灯笼也被称为"Ishi-doro"。据传在古代，一座大山上有一个池塘，附近的强盗经常前来抢劫这里的游人。为此，一位神灵建造了很多石灯笼照亮了这里的道路，因为石头是一种更为耐用的材料。据说，第一座石灯笼是圣德太子在推古二年（公元594年）修建的一座寺庙中竖立的。后来这座石灯笼被移走，而"Ishi-doro"正是这座寺庙的名字。

图263 宫岛的石灯笼

图 264 东京的石灯笼

图 265 武藏国白子的石灯笼

图 266 宇都宫市的石灯笼

　　本书提供了一些插画，展示了常见的石灯笼造型。图 263 中的石灯笼位于宫岛的一座寺庙中，庙中的长老告诉我，这座石灯笼具有七百多年的历史。它的底部埋入土中，整个石灯笼的各个部分都显露出被岁月残蚀的痕迹。图 264 和 265 中的石灯笼分别来自东京和白子，图 266 中精致的石灯笼位于宇都宫市。

小桥与凉亭

　　小巧的石桥和木桥堪称乡土风格园林景观的最佳范例，美国的园林也许应该借鉴这一特色。有些小桥的设计别出心裁，几乎完全由错位放置的石板构成（图 267），或者与踏脚石融为一体，其中一些绝对称得上独一无二的精品。

图 267 步行石桥

图 268 显示了东京一座大型花园中的石桥，虽然它的跨度约为 3.6 米，而桥面却是由一整块石板构成的。在图 269 中，可以看到东京一个私家花园中的小溪，这里的步行石桥就是一块未经任何雕琢的岩石板。该图中还有一个用一些天然磨损的石头做成的石灯笼，除了放灯盏的部分残留之外，其他部分已经不见。

日式凉亭的造型十分简单而别致，有时还会在泥土地面——土间上设有座位。另外一些凉亭会有木板或榻榻米铺成的地面。这些凉亭普遍是开放式的，四个角柱支撑着方形的茅草屋顶。也有一些凉亭在两个侧面修建了永久的封闭隔断墙，其中一面墙上开设了装饰性的开口或窗户。

图 268 步行石桥

图 269 花园的小溪和步行桥

在凉亭的窗口上点缀郁郁葱葱的藤蔓或者枝叶，是一种令人赏心悦目的构思。我回想起一个外观极为雅致的圆形窗口，这个凉亭的三面都是永久的灰泥隔断墙，并涂抹着褐色的涂料。茅草屋顶宽大的屋檐在铺有榻榻米的地面上投下了暗影。在正对着敞开一面的隔断墙上，有一个直径 1.5 米的圆形开口。这个开口没有任何框架和装饰线条，只是在边缘处规整地抹上了灰泥。一些粗细不一的深棕色竹竿水平贯穿于开口的内部，形成了一个牢固的框架，在这个竹制框架上垂直密布着棕色的芦苇杆。由于这个开口位于向阳的一侧，人们在这个开口的上面及其周围精心布置了绿叶繁茂的藤蔓植物，或多或少地遮挡了部分开口。这种光影与绿叶相互掩映的效果简直是妙不可言。当两三片叶子在阳光中交叠时，会呈现出暗绿的颜色；在只有单片叶子挡住光线的地方，

图 270 东京私家花园中的凉亭

鲜亮的绿叶犹如翠绿的宝石；在没有叶子遮挡的地方，耀眼的阳光犹如闪烁的火花；一些藤蔓和枝叶爬上了圆窗中的格架，在凉亭内投下了深深的暗影。我没有尝试去画下这一场景，因为这种千变万化的迷人效果是无法用钢笔画生动表达的。凉亭内清爽阴凉，由竹竿和芦苇构成的深棕色格架和宽敞的圆形开口都呈现出绿意盎然的效果。当亭外微风吹起时，随着枝叶的摇摆，这种光影交错的效果更加变幻莫测，亭内看到的翠绿景象也会随之变化。

当时，我注意到一些日本人正在透过一道通透的篱墙凝视着这个凉亭，于是我的注意力也被它深深吸引，并快乐地沉醉在它的迷人魅力之中。这种独特的空间和窗口也许可以轻易地

融入美国的花园中，因
为绿叶繁茂、亮丽的藤
蔓植物随处可见，完全
能够以这样的方式进行
有效利用。

图 270 中的凉亭位
于东京的一个私家花园
中，四根粗糙的立柱和
少量横杆构成了它的框
架结构。它的地板高于

图 271　东京皇家园林中的凉亭

地面，其边缘可以供人们就座。两个垂直相交的侧面是涂有灰泥
的隔断墙，其中一面墙壁上开设了一个圆形的窗口。在另一面墙
壁的上方，有一个狭长的开口。凉亭的顶部是一个厚实的茅草屋顶，
屋顶的最上端倒扣着一个陶盆。无论这个陶盆的目的何在，它那
温暖的红色都为灰色的茅草增添了温馨惬意的感受。在凉亭的前
面和周围，杂乱地堆放着一些石头和岩石，很多奇花异草和修剪
得奇形怪状的灌木点缀于其间，使凉亭魅力倍增。一道潺潺的溪
水流过通往凉亭的石径。

图 271 展示了东京一个皇家园林中的凉亭，它的框架结构与
图 270 中的凉亭类似，立柱是带有树皮的树干，凉亭的茅草屋顶
上有一段用茅草和竹子构成的屋脊。从每根立柱斜向伸出的格架
是这个凉亭独有的优雅特色——这些格架的边框都是用精选的形
状不规则的树枝构成的，边框内的格栅是用竹子和芦苇制成的，
每个格架的样式也是各具特色。凉亭位于一个小土丘之上，亭内
设有陶瓷制作的座位，还有修剪得奇形怪状的矮松和灌木。

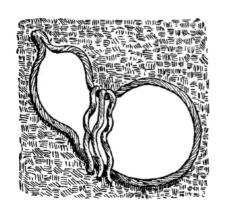

图 272 神户凉亭中简朴的开口

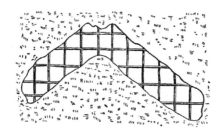

图 273 神户凉亭中简朴的开口

很多凉亭的开口或窗口都设计得精美奇妙，令人过目难忘。图 272、273 展示了一些朴实无华的开口外观。其中一个开口呈现葫芦的形状，其框架是由葡萄藤制成的。另一个开口的形状宛若一座山脉，内部的格栅是用竹子做成的。

在路边修剪整齐的灌木后面，大树通常被修剪成边界树篱，在灌木的上方形成第二道屏障。一棵修剪成扇形的树，枝叶向一个方向伸展，宽度可达 9 米以上。同时，其厚度可能不超过 0.6 米。为了将大树塑造成这种奇怪的造型，工匠需要付出无数耐心的工作，把所有粗大的树枝和细小的嫩枝绑在竹制的支架上。

在东京吹上的一座花园内，可以看到一些绝妙的园林景观效果。人们在很远的距离就会注意到一片高地，那实际上是一座高约 18 米的小山。人们走过一片芳草如茵的绿地和一个小湖之后，会穿过一个由整块岩板构成的小桥，然后走上山坡。随后再沿着涓涓的山溪而下，穿行于一段天然的岩基之中，可以清楚地看到岩基上自然的裂缝和岩层的移动错位以及向斜层和背斜层，这些粗犷的景观顷刻间唤起了人们对地质知识的记忆。令人难以置信的是，这些巨大无比的岩石是人们从千里之外运到这里的。这里几百年前还是一片平地，现在居然变成了岩石林立、绿树成荫的山地和幽谷。人们可以沿着风景秀丽的林间小径走到山顶，山顶的凉亭散发着质朴的田园气息并带有宽敞的观景台，人们在这里可以观赏到富士山的美景。回首观望的人们也许希望看到下面的沟壑，但是令人吃惊的是，他们看到的却是一片极为平整的灌木丛林，仿佛修剪整齐的茶园从山顶一直延伸到远处，令人大饱眼福。走出这片灌木林，新的惊喜将迎面而来。人们的目光透过这片灌木林，可以俯瞰上山时所经过的陡峭山坡。在密林覆盖的山坡上，每一棵树木都经过最为精心的修剪。由于这种处理方法已经持续多年，这些树木的顶部变得极为浓密，从凉亭的周围一直延伸到平地上生长的低矮灌木丛。

　　我曾经提到过日本人对花园和园林景观的热爱，最小的地面也会被他们有效利用。我回想起在一家廉价客栈中的经历，也许可以证明这一观点。由于饥饿难忍，我不得不在那里吃了一顿晚餐。这里的一切都显露出贫穷的特征，屋内的陈设和装饰十分简陋，地上的榻榻米僵硬不平，店里的伙计也是衣着寒酸。在我用餐的房间里有一个圆形的窗户，透过窗口可以看到一个造型奇特的石灯笼和一棵松树，松枝蜿蜒伸向窗口。同时，还能望到远处高山的壮观美景。我坐在榻榻米上明显感觉到外面有一个花园，并且好奇这样一个穷困的地方怎么可能拥有如此精美的花园，于是我走到窗前去一探究竟。我惊讶地发现，这块立着石灯笼和松树的地方居然只有不到一米宽！然后就是一道低矮的木板篱墙，墙外就是邻近农家的稻田。在美国，这样狭小的地方一定会用来堆放破碎的玻璃瓶和罐头盒，或者成为猫狗的通道。然而在这里，一切都是那样干净、整洁。而且，这块狭小的地面没有任何其他的用途，只是专门用来改善室内的景观视野。

池塘与幽径

在一般的花园的构造中，池塘和幽径也是深受日本人喜爱的景观元素。

由于一些地方缺水，或者出于一种创意，日本人有时会建造一种完全没有水的假池塘（枯山水）。但是它们也具有池塘的一切特征，而且十分完美，以至于池水荡漾的情景会自然地在人们的脑海里浮现。池塘的轮廓极不规则，周围还会点缀着一些盆栽植物，其中包括鸢尾和一些适于在潮湿海岸地带生长的植物。池塘的底部铺着小块的灰色卵石，一座小桥通向池塘中心的小岛。从游廊望去，这个干旱池塘的外观极具迷惑性。

在真正的池塘里，栽种着荷花或者其他的水生植物，也可能饲养一些龟和金鱼。有时候，池塘的上方会横跨一座精巧雅致的木桥或石桥。池塘中的一些岬角上矗立着石灯笼，犹如微型的灯塔。池塘的周围散布着风格质朴的藤架和座椅，

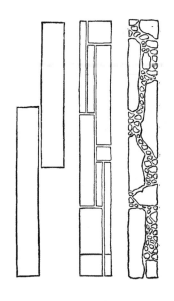

图 274　各种样式的花园小径

上方的棚架上爬满了茂密的紫藤。翠绿的松柏姿态婀娜，弯曲的松枝伸展到水面之上。这些景观为日本的花园增添了独树一帜的风格和魅力。

石径的种类分为多种。有时，石板可能被修整得方方正正，铺放的石板可以形成笔直的路径，或者经过调整后形成一条锯齿形的曲折小径。有的时候，路径可能会由很长的石板构成，石板被修饰得非常规整。或者，可以采用形状不规则的大石板铺路，并在空隙处填充小石子，与石板一起压到坚硬的地面中。

图274展示了一些石径的样式布局，在后面的图282和283中，更好地展示了铺设石径的方法和思路。这些插画均复制于《筑山庭造传》。在图中的左侧可以看到临街的入口，石径穿过庭院通向第二道大门，并由此通往住宅入口处的门廊或者住宅的入口。

矮树与盆栽

盆栽或桶栽的花卉、灌木和矮树经常出现在住宅游廊的附近，也通常用于花园的装饰。较大的木制容器在设计和材料方面追求的是质朴高雅的效果。图275展示了一个很浅的木槽，它安装在一个深色的木架上，是用沉船的碎木板制成的，由于年代久远已经变成黑色。

图275 栽种植物的木槽

图276 用旧船板做成的花盆

槽中放着两块石头，一个青铜制作的螃蟹，以及一些水生植物。另外一个尺寸较大的花盆（图276）是用旧船的船板做成的，表面上密布的洞孔是"蛀船虫"的杰作，深陷的纹理则出自岁月之手。它的外形便于两人搬运。

与花园相关的景物中，低矮的梅花树也许是最非凡独特的。在梅花绽放之前，人们一定会认为这些低矮的树木只是一些陈旧发黑、扭曲变形的断枝或树根，就像那些为了怪诞展览而收藏的枯木！的确，没有什么比这些形状扁平、怪异，甚至千疮百孔的树枝和树桩更令人绝望的花卉或生命了。它们被放置在房屋中向

图277 低矮的梅花树

图278 低矮的松树

图 279 造型奇特的松树

阳的一侧，在冬雪飘落之前，会长出纤细的嫩枝，这些垂下的细枝很快就会盛开出最美丽的红梅花。说来奇怪，在繁花盛开的过程中，却没有一片绿叶的痕迹。

图 277 展示了一棵这样怪异的梅花树，它已有四十多年的树龄，高近 1 米。只有日本的园丁才晓得，到底是何种园艺魔法才让这个黑乎乎的树桩保持了生命的活力。这是一种生生不息的活力，绝不是一些脆弱的细枝和衰败的花朵，而是生长旺盛、娇艳芬芳的鲜花。松树也同样引人注目、令人称奇。它们通常是一棵结实的老松树，粗糙的树干和曲折的树枝散发着阳刚之气。它们也许具有四五十年的树龄，高度不超过60厘米，生长在一个花盆里。人们还可以将一棵敦实粗壮的松树直接立在花盆里（图 278），树干

图 280 矮松

上生出强壮的松枝，松枝上长着茂盛的松针。此外，还有一些令人难以置信的修剪方式。

在东京的一个大型花园里，我曾见到过一棵这样修剪的树木。伸展的枝叶犹如一个对称的凸面圆盘，直径可达 6 米，然而其高

度还不到 0.6 米（图 279）。还有另
外一棵松树，它的枝叶被修剪得仿
佛一个个扁平的盘子（图 280）。园
丁们的艺术品位和别出心裁的创意
似乎不仅仅体现在这些灌木上，甚
至连冬天包裹灌木的稻草也不会放
过。为了抵御寒冷和风雪，这些灌
木在冬天会裹上稻草。除了保护功
能之外，这种稻草外衣的样子看上
去也十分古怪，如图 281 所示。

图 281　冬季包裹了稻草的灌木

私家花园

　　在这个关于花园的章节中，我很遗憾没有对花园本身进行适
当的描绘。因为我绘制的几幅插图并不完美，不敢在这里献丑。
况且，绘画作品也不可能把日本花园的全部特征以及多样性和美
感原汁原味地表现出来。不过，我还是从 19 世纪早期出版的一些
日本相关书籍中复制了若干私家花园的图片，来代替我的那些插
画。就它们的总体布局和外观而言，可能也代表了今天所能见到
的花园特征。

　　第一幅插图（图 282）展示了不同的建筑及其周边环境与街道
的关系。图中的左侧有两个大门，较大的一个安装着平开门板，
并处于关闭状态。较小的一个安装着拉门，并敞开着。图中左侧
带有两个小窗和黑色基底的房屋是防火仓库。由形状不规则的石

图 282 住宅周边的路径 (复制于日本图书《筑山庭造传》)

板铺成的小道沿着防火仓库的侧面通向第二个大门。越过大门之后,这条石径继续延伸到一个门廊,也就是住宅的主入口。为了在有限的画面中表现全部细节,该图将等角透视和线性透视巧妙地结合起来,因此在一些视点上会产生显著的位移。另一幅插图中的小花园,坐落在一位佛寺长老的住宅中(图 283)。图 284 展示的花园属于一位商人的住宅(据传,房主是一位经营服装面料和棉花的商人)。图 285 则展现了大名住宅的花园。这些花园都是二百多年前存在于坂井地区的,它们之中一些经久永恒的特征至今仍然可见。对这些古老的绘画进行研究,可以让读者更清楚地了解日本花园中的装饰性篱墙、怪石、古井、石灯笼、手水钵、石径和奇特的树木和灌木,从而认识到这些特征与我们所熟悉的由几何形状拼成的花园是多么的不同。

值得注意的是,装饰日本花园的树木和灌木可以一次又一次成功地移植,而且不会损害其活力。在街道上,人们几乎每天都会看到一些大树从一个花园被拖到另一个花园中。由于日本园丁

图 283　佛寺长老住宅中的小花园（复制于日本图书《筑山庭造传》）

图 284 商人的花园（复制于日本图书《筑山庭造传》）

图 285 一位大名的花园（复制于日本图书《筑山庭造传》）

的勤劳和智慧，无论是高达 15 米并具有多年树龄的大树、粗壮的灌木，还是娇嫩的植物，都可以从城市的一端移植到另一端，并保持完好无损、生机盎然的状态。因此，人们可能在几天之内就能拥有一个生机勃勃、有益健康的花园。如果房主出于某些原因必须搬走，花园中的每一块石头，每一堵篱墙，以及每一株植物都可以在一天之内全部被挖出，然后出售并运送到城镇的其他地方。很多日本花园都经历过这种变迁和兴衰。在整个搬迁过程中，除了圆形的井眼之外，园中的一切都可以像变魔术一样搬走。

水井与供水

日本城市中的输水管道是木制的，可能是采用厚重的木板做成的方形管道，或者是圆形的木管。这些管道与开口水井交织在一起，水井中的水量不大，处于自然的水位高度。在主要的街道两旁或者某些开阔的地带都可以看到这些水井，人们来到井边也不只是为了打水，很多时候会在这里洗洗涮涮。

在一些自然条件优越的乡村，可以通过岩石砌成的水渠把山间的溪水引到村庄街道的中心地带。于是，街道两侧的家家户户都可以直接获得用水，可以用于烹饪或其他目的。

这些水井是用高达 1.8 米的厚实桶状环壁建造的，这些环壁的下部略呈锥形，并且可以彼此嵌套在一起。随着水井不断被挖深，人们会对水井的截面进行调整，以使环壁可以放到下面，很多深井都是以这样的方式建造的。这种水井的地上部分很像一个部分被埋入地下的木桶。

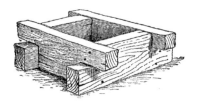

图 286 古老的木井口

人们经常会看到圆形的石头井口，但是有一种古老的井口却是一个用厚实的木料制成的方形框架，如图 286 所示。汉字中的"井"字正好是这个框架的形状，而且当人们在城市或乡村中穿行时，时常会在住宅的一侧或者门口的上方看到这个汉字，这表明在房子的后面或者里面设有水井。在图 287 中，展示了一个这种造型的石头井口，它位于东京的一个私家花园内。

尽管在大多数情况下，人们使用一个连在长竹竿一端的木桶将井水打上来，但是很多水井的上方还设有各式各样的框架用来支撑滑轮，滑轮上缠绕着绳索，并在

图 287 东京某私家花园内的石头井口

每端都系上一个木桶。图 288 中就是一个这样的框架。有时，还可以使用树干来作为框架，如图 289 所示。在这种情况下，树干上往往会爬满茂密的日本常春藤。

在乡村的厨房，水井常常设在室内，如图 164 所示。在城市和乡村还不时会看到新英格兰风格的井水提取装置，尤其是在日本的南部更为常见。图 54 中的南方住宅内就有一个这样的装置。

还有很多利用竹筒将水输送到乡村的方法。在京都的很多地

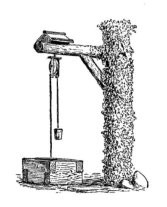

图 288 木制的井口框架　　　　　**图 289 乡土风格的井口框架**

方，都是通过这种方法从城市后面的山溪取水的。在位于濑户内海的宫岛，生活用水是通过竹管从村庄西面的山间溪流输送过来的。人们首先将水输送到一个较浅的水箱内，水箱支撑在一个粗糙的岩石基座上。在水箱的两侧和两端，每隔一定间隔都开设了圆孔，流出的水通过一段竹制的水槽进入垂直的竹管内——每一个竹管的顶部都有一个木盒或木桶，其内部装有竹片做成的格栅，可以过滤掉水中的枝叶。这些垂直的竹管与地下的竹管相通，后者通向乡村街道两旁住宅的下方。图 290 便显示了这种输水结构。虽然这种古老的结构会经常漏水，但是在山路的一旁形成了一道独特的风景线——上面覆盖着茂盛的蕨类植物和苔藓，晶莹剔透的水珠不时从各处滴下。

　　就在距离这个奇特的蓄水设施不远的地方，我看到了一组显然是为一些单个住宅供水的小型输水管道。图 291 展示了一些这种沿路设置的供水设施。图 292 中的古老水井在东京的加贺住宅中仍然可以见到，那里曾经是加贺大名占据的大范围封闭领地，但是现在已是杂草丛生之地。人们在这里偶尔也会看到一些竹子

图 290 宫岛地区的供水设施

和灌木，以及一些疏于维护的树丛和长满了植物的池塘，仍然散发着这里原有的优雅气息。在明治维新期间，很多房屋和井口护栏都被烧毁。随着岁月的流逝，高高的荒草将这些洞口遮蔽，形成了可怕的陷阱。

　　日本人对乡村风格情有独钟，这在他们的大门、篱墙和其他环境中都有所体现，水井当然也不会例外。在花园里，一口独具魅力的水井无疑会起到锦上添花的作用。因此，人们会看到古雅的井口和护栏，它们或是采用石头堆砌而成，或是采用容易腐烂的木料制成，并环抱于苍翠欲滴的绿色植物之中，人们经常会看到被青苔覆盖的水井和水桶。但是，这里的井水却并不清

图 291 宫岛地区的供水设施

凉、纯净，绝非新英格兰人在家中所习惯的用水。这些井水不符合卫生和健康条件，在饮用之前必须烧开。即使是现在，无论是城市的还是乡村的水井都极易受到污染。

图 292 东京加贺屋敷中的水井

在对日本周边国家，尤其是中国的住宅进行粗略地了解之后，我发现日本住宅是典型的民族产物，但考虑到中国与日本的地理关系，读者也许会去寻找那些融入其中的异域风格。没错，这两个国家彼此之间的距离很近，在很早的时候就有着密切的往来。因此，日本的艺术和文学在萌芽时期受到了中国的影响就毫不奇怪了。我们的祖辈英国人也是以几乎相同的方式吸取了全世界的文明成果，其范围包括语言、艺术、音乐、建筑等。如果历史是真实的，英国人在语言和礼仪方面也有很多舶来品。但是，尽管日本与英国一样，在发展和改良的过程中从比自己更伟大、更古老的文明中受益匪浅，但是他们却保留了自己文明的活力与精华。他们对西方的文明也能取其精华、去取糟粕，合理应用蒸汽技术、电力技术以及各种现代的学习和研究方法。但因为这些技术和文明的发源国与日本相距甚远，各项技术和方法的改良极为缓慢。

某些英国作家似乎乐于将日本人污蔑为喜欢模仿和抄袭的民族，但是日本人却出色地建立了健全的方法、政府和教育体系。从英国人本性中对日本人的蔑视态度来看，他们大概会认为是英国人自己创造了用于书写的文字、用于印刷的纸张、用于计算的数字和方法、用于导航的指南针、用于征战的火药，甚至用来信仰的宗教吧。这简直太可笑了。实际上，如果我们再仔细看一下英国人在艺术、音乐、绘画、雕塑、建筑、印刷、雕刻等方面所受到的异国影响时，就会发现英国人正是自己所嘲笑的模仿者。

显然，将日本住宅作为美国住宅样板肯定十分荒谬。它不仅不适合美国严酷的气候和人们的生活习惯，而且如果我们采用了这些精致、脆弱的建筑，以美国人粗鲁的生活方式，恐怕不出一个星期它们就会沦为烧火用的木柴。不仅如此，这些在日本住宅的镶板和立柱上常见的精雕细刻之作如果暴露在美国的街道两旁，那么在这里普遍存在的破坏公物的行为一定会让这些精美的艺术品无法存留。你不知道的是，在那片被我们充满无知和偏见的头脑视为未开化的土地上，幸运的日本人对恶劣的"破坏行为"一无所知。

我相信，日本人的家居装饰方法比我们美国人的更为精妙，也更具艺术品位。通过对两国的室内装饰和外部装饰方法进行对比，我更加深信自己的看法。我确信会有很多人赞成我的观点，但是一定不包括那些喜欢华而不实、珠光宝气的装饰的人。这些人囤积了大量这样的物品，尽可能地让家具摆设和室内装饰变得更加恐怖、恶俗。他们会以独有的愚钝意识把不认同他们生活方式的人视为异类和野蛮人。

我这么说并不意味着美国没有完美精致的室内装饰精品。而是说，在缺乏良好艺术品位的地方很难发现日本那样的精美装饰。因此，我并不期待美国人按照我指出的方法去优化自己的设计，而是希望他们提高自己的品位标准。这样，我的努力就没有白费。

图书在版编目(CIP)数据

图解日本老宅／(美)爱德华·西尔威斯特·莫尔斯著；
付云伍译. ——桂林：广西师范大学出版社，2019.7
ISBN 978-7-5598-1698-6

Ⅰ.①图… Ⅱ.①爱… ②付… Ⅲ.①民居-建筑画-钢笔画-作品集-
美国-现代②民居-介绍-日本 Ⅳ.① TU204.132 ② TU241.5

中国版本图书馆 CIP 数据核字 (2019) 第 058337 号

出 品 人：刘广汉
责任编辑：肖　莉
助理编辑：季　慧
版式设计：六　元

广西师范大学出版社出版发行

（广西桂林市五里店路 9 号　　邮政编码：541004）
（网址：http://www.bbtpress.com）

出版人：张艺兵

全国新华书店经销

销售热线：021-65200318　021-31260822-898

恒美印务（广州）有限公司印刷

（广州市南沙区环市大道南路 334 号　邮政编码：511458）

开本：889mm×1 194mm　　1/30

印张：9.6　　　　　　　字数：280 千字

2019 年 7 月第 1 版　　2019 年 7 月第 1 次印刷

定价：88.00 元